行思录

深度学习的前瞻与探索

施海红 著

江苏凤凰科学技术出版社 · 南京

图书在版编目（CIP）数据

行思录：深度学习的前瞻与探索 / 施海红著．—南京：江苏凤凰科学技术出版社，2024.1

ISBN 978-7-5713-3890-9

Ⅰ．①行… Ⅱ．①施… Ⅲ．①课程—教学研究—高中 Ⅳ．①G632.3

中国国家版本馆 CIP 数据核字（2023）第 241748 号

行思录：深度学习的前瞻与探索

著　　者	施海红
责任编辑	吴梦琪　刘文芳
责任校对	仲　敏
责任监制	周雅婷
出版发行	江苏凤凰科学技术出版社
出版社地址	南京市湖南路 1 号 A 座，邮编：210009
联系电话	（025）83657623
编读信箱	skqsfs@163.com
印　　刷	溧阳市金宇包装印刷有限公司
开　　本	718mm × 1 000mm　1/16
印　　张	9.5
字　　数	140 000
版　　次	2024 年 1 月第 1 版
印　　次	2024 年 1 月第 1 次印刷
标准书号	ISBN 978-7-5713-3890-9
定　　价	39.00 元

序一

前一阶段，施海红老师找我，说请我帮个忙。工作困难？人际困扰？……我脑海里涌出各种问题。见面后，我一听是写序之事，真是惊喜不已，满口答应。因为我深知，一位中学一线教师要写出一本书是多么不容易，所以说实话，我很佩服。

放假后的第一件事：阅读本书。读着读着，施老师平日奔出奔进、充满活力的身影在我眼前越发清晰。这几年她在工作之余，将国外学习与观察的所见所得、教学研究的实践与思考诉诸文字，积累成今天这样一本文集，着实值得庆贺。

南模（上海市南洋模范中学的简称）校友、中国工程院首批院士之一谢友柏说过：“这是一个信息爆炸的时代。人们对一项科研成果的发明、应用、期待时间比过去短了很多……要追上这样的研发速度，必然对当代年轻人有更高的要求。”

我从书中读到了施老师对自我的高要求。几年前，经过层层选拔，施老师跳出“舒适区”，远赴加拿大约克大学进修。访学期间，她不仅顺利完成了大学的三门课程和一所中学的实习活动，还认真参观了当地不同性质的学校，聆听各类讲座，采访当地师生，阅读大量教育类原版读本及专题资料……归国之后，施老师带领教师团队扎根一线课堂，基于学情，展开大量围绕学生深度学习的教育教学研究。在大数据、人工智能改变知识传播模式的今天，一名南模教师的课堂的确不应该是简单的知识传授之地，而应该是培养学生深度学习、自觉成长的孵化场。为此，施老师迈出了坚定的步伐，做出了有益的尝试。在她身上，我感受到了一份可贵的“青锋精神”。那既是“青年先锋”，面对时代舍我其谁、勇于创新的锐气与朝气，又是“锋利宝剑”，面对挫折困苦始终坚持求索的沉静和坚韧。那也是南模人独特的、共同的精神底色。

深受学生爱戴的南模老校长赵宪初曾赋诗勉励学生：“喜闻今日皆爱国，愿见他年不害人。临别千言并一句，有为奋发向前程！”在一代又一代南模先生的殷切教导下，从南模走出了张光斗、王选、顾诵芬等39位（44人次）中国科学院和中国工程院院士。

我从施老师的字里行间读到了一名南模当代教师以爱国为责、以育人为任的胸襟和抱负。书中写道：“或许有人认为阅读经典已经过时，然而在我看来，阅读经典非常必要，经典具有穿越千年的精神力量，指引着我们前行。身处当下价值观日趋多元化的社会环境下，教师‘育人’的职责不应局限于教会学生‘谋生’‘谋仕’，而更应教会学生‘谋道’，引领学生在精神层面成长、成熟……”何谓家国情怀？我以为那是一种跳出自我、看见家国的格局，是一种跳出当下、看见未来的格局，更是一种跳出利益、看见意义的格局。因此，施老师在国外进修期间，能在白天坚持以本土学生而非旁听生的角色积极参与当地大学课堂的学习、讨论与作业，晚上坚持认真记录学习心得达十万余字。重返南模课堂后，晚上施老师批判性地内化国外所学，投身基于真实情境的教学设计；白天她与同事们切磋交流，为更好的教学实践而精益求精。我认为这是学校“模范追求”这一价值引领的生动体现，相信如同施老师这般的新生代南模教师会追随老一辈南模教师的脚步，接续奋斗，为社会培育出更多杰出的英才。

施海红老师来南模工作的时间并不长，但是她多年笔耕，能在这片沃土上收获，昭示着幸运、希望、生机始终与南模相依相伴，努力、勤奋、坚韧始终与南模如影随形。期待施老师能坚持自己的研究，将深度学习的课题做深做透，那么这本书也许只是一个起点；也期待本书的付梓能激励南模的“施老师们”研究不已、攀登不止！

李啸瑜

上海市南洋模范中学校长

2023年10月

序二

如何为我们的孩子提供更好的教育，这是一个让大家都牵肠挂肚的问题。学校是孩子学习的重要场所。很显然，今天的孩子不应该再淹没于简单、机械的重复操练之中，他们更需要提升至关重要的“软实力”——领导能力、合作能力、适应能力以及乐于学习和再学习的能力，而这些都首先指向新的学习观念的建立——深度学习。深度学习更强调教师主导下的学生主动参与、积极建构，旨在帮助学生成长为积极主动、能够将所学知识应用于真实情境的自主学习者。

由于一个特别的契机，施海红老师踏上了加拿大学习之旅。在约克大学进修期间，她发现加拿大和中国同样面临着社会发展对公共教育的挑战，并且两国都在努力寻求解决之策。自 2014 年起，以多伦多大学安大略教育学院院长、教育改革的全球权威迈克尔·富兰为代表的加拿大专家团队开始思考如何推进深度学习，约克大学正是首批试点学校之一。本书就是施海红老师在考察了不同性质、学段的加拿大学校之后，回到国内开展高中教学实践所形成的初期成果。

全书共有四部分：一为“指向核心素养的深度学习”，介绍如何培养高中生批判性思维等多项有关深度学习的教学探索；二为“深度学习视域下的教学设计”，聚焦于以统编版教材进行深度学习的课例实践；三为“深度学习视域下的评价设计”，阐述了教学评价方式变化下的课例研究；四为“深度学习与师生成长”，关注师生在经历深度学习之后的心灵成长。这本书总体上力求突显深度学习的三个视点：主体性学习、对话性学习和协同性学习。在教学实践的各个阶段，施海红老师始终以立德树人为本，以学科核心素养作为理论架构和单元教学设计的出发点，通过改进教学，努力落实学生价值观、必备品格和关键能力的培养。

对于加拿大深度学习的教育理念和经验，施海红老师并不是照搬全收，而是立足国内教学实际，针对实际的学情与教情，有思考、有选择地“拿来”，守正创新，扎扎实实地开展探索研究。这是令人欣慰的，同时也鼓舞着我们：如果有一批像施海红一样的教师积极主动地投身于新课程、新教材改革第一线，为学生有更好的未来而孜孜求索，我相信在社会各界的关注与推动下，我们的课堂会有新面貌，我们的教育会有新生态，我们的孩子会以更加从容的姿态拥抱未来。

范　飚

上海市教师教育学院（上海市教育委员会教学研究室）

2023年10月

目录

辑一

辑二

辑三

辑四

跋

辑一

指向核心素养的深度学习

传承 · 创新

——《上海市南洋模范中学校友院士》读后感

我是一名南模新老师，很荣幸在南模一百二十年华诞之际加入这个大家庭。今年暑期，我静心品读了《上海市南洋模范中学校友院士》一书，对我校历史上涌现的39位（44人次）中国科学院和中国工程院院士，内心充满了深深的敬仰之情。古人云：“高山仰止，景行行止。虽不能至，然心向往之。”我心有戚戚焉。

平复心情，合卷回味，一个问题浮现于我的脑海中：身处当今社会，我们新一代南模人应当从老一辈的校友院士身上学习怎样的精神品格呢？

谢友柏说：“这是一个信息爆炸的时代。人们对一项科研成果的发明、应用、期待时间比过去短了很多……要追上这样的研发速度，必然对当代年轻人有更高的要求。”他是这么说的，亦是这么做的。他与团队一起长期扎根机械学设计和理论摩擦学研究，一干就是五十年。他们切磋琢磨，坚持用实证促发创新，在国际上首先证明可倾瓦轴承不是天然稳定的，实现国内首个流体动力润滑滑动轴承油膜刚度阻尼测量。从谢友柏身上，我读到了一份可贵的“青锋精神”。敬佩之余，我也不禁思考：在互联网改变知识传播结构的今天，作为一名南模教师，如何使我们的课堂不只是简单的知识灌输地，而更是培养学生成为创新人才的真正实验场？我认为这是我们作为新一代南模人的使命，虽时光推移，然“青锋精神”历久弥新，应当成为我们南模人永远的精神底色。

我从众多校友院士的回忆中读到了南模人以爱国为己任的远大格局。

王迅写到了南模老校长赵宪初劝勉毕业班学生的一首诗："喜闻今日皆爱国，愿见他年不害人。临别千言并一句，有为奋发向前程！"因师长的谆谆教导，自诩顽童的王迅成为复旦大学的一名教授，报效祖国。邱大洪也提到，南模的教育历来以教学严谨著称，同时注意爱国主义教育，要求学生做一个有追求、有理想、有抱负、对社会和国家有贡献的人……何谓家国情怀？我以为那是一种跳出自我、看见家国的格局，是一种跳出当下、看见未来的格局，更是一种跳出利益、看见意义的格局。身处价值观多元化的当下社会，不迷失方向、坚守民族大义、怀有家国情怀的大格局成为我们新一代南模人义不容辞的责任。

我还从众多校友院士的言行中读到了南模以严谨著称的治学之风。书中记载了在歼-8战斗机前总设计师黄志千执行任务，因飞机失事遇难后，顾诵芬临危受命，接过了总设计师的重担。他不顾危险，三次乘坐歼教-6紧随歼-8战斗机，仔细检查战斗机存在的问题。书中亦记载了戴芳澜在治学上非常严谨，对学生的要求也十分严格。他从不轻易称赞人。他认为，不适当的夸奖不是对人的爱护，而是助长了人的自负与自满。他以启发而非命令的方式指导学生，使其思考、探索，直至豁然开朗。无论是搞研究的顾诵芬，还是做教育的戴芳澜，都是老一辈南模人的杰出代表，治学严谨、言传身教，成为他们不变的初心。何谓模范？追根溯源，"模""范"是造物之模具，更是塑人之榜样；其源起于"规范"，升华于"示范"。无论社会如何快速发展、更新转型，老一辈南模人都通过身体力行激励着新一代南模人要始终坚守严谨之风，引领学生向前发展。

我更从众多校友院士的感悟中读到了南模人以高雅为旨的生活情趣。王选风趣地回忆，自小学起，他的课余爱好就是打乒乓球、拍毽子和在泥地上打玻璃弹球，他还因此练就了一些"绝技"。这些体育活动也培养了同学间的友谊和集体精神。吴承康也谈到他在学习文化课之余，利用空闲时间刻苦练习小提琴，自此踏上了科学与艺术并驾齐驱的人生之路。他坦言：

“音乐是我的最大的爱好。”“音乐与人生相辅相成，音乐与科研相融相通。无论是做音乐还是搞科研，都需要勤学苦练，精益求精，全神贯注。音乐使人生更加丰富多彩。”学校教育，是培养只专注于技术研究单向度的人，还是培养拥有高雅品位、健康生活的复合型人才？我从王选、吴承康等校友身上看到了这所百年老校的回答。放眼今日的南模校园，科技、交响乐、篮球等品牌项目大放异彩，预示着新时代下“青锋意识、模范行为、健全人格”南模育人目标内涵的不断丰富和深化。

俗话说：“一方水土养一方人。”在南模这片沃土的滋养下，南模学子焕发出“青锋精神”，生根发芽；在南模一代又一代教育者的点化下，他们秉持着“模范追求”，成长为造福社会的国之栋梁。《上海市南洋模范中学校友院士》这本书，笔墨之间，浸润着老一辈南模人对“青锋精神”“模范追求”的初心坚守；字里行间，激励着新一代南模人对这份初心的传承创新——努力做一个有高远境界、高深学识、高雅情趣的人！

“雄关漫道真如铁，而今迈步从头越。”百年老校，风华正茂，等待着我们新一代南模人去追忆、去思考、去传承、去创新！

语文项目学习中问题情境的设计原则

2018年1月，教育部印发《普通高中课程方案和语文等学科课程标准（2017年版）》，开启了以核心素养为导向的新一轮基础教育课程改革。创设与学生经验紧密关联的、具有真实性的语文项目学习情境，成为指导学生开展体验式、合作式、探究式和建构式学习的一条重要路径。那么，如何设计一个好的语文项目呢？我们需要多方位思考，包括理解语文学科的本质特征，推敲项目学习的多维目标，创设有意义的问题情境，完善项目学习的过程评价量规，营造线上线下混合式的学习环境，等等。

在语文项目学习中，问题情境包括问题和情境两个部分。情境一般指一个人或一群人和某个既定背景的关系。《普通高中语文课程标准（2017年版2020年修订）》（本书简称“课标”）中有关情境的表述为：“真实、富有意义的语文实践活动情境是学生语文学科核心素养形成、发展和表现的载体。语文实践活动情境主要包括个人体验情境、社会生活情境和学科认知情境。”课标中的问题指一个障碍、一个有待完成的任务、一个需要学生做的事情或完成的作品。在问题情境中，情境指向语文项目学习的主体和背景，而问题则指向任务和目标。作为语文项目设计的起点，创设问题情境十分重要，本文拟从三个方面梳理问题情境的设计原则。

一、问题情境设计的起始点：回归生活，贴近真实

课标强调以培养学生核心素养为目标，为此学校教育需要帮助学生学会应对各种复杂的现实情境，合理解决现实生活中各种具有挑战性的真实任务。这就意味着在日常教学中，教师应当有意识地回归生活，贴近真实。那么，在语文项目学习中，如何设计真实的问题情境呢？

“整合教学法”的提倡者罗日叶从两个角度来考察情境与真实生活的关系：问题需求是现实存在的还是模仿现实虚构的？问题解决是真正地解决还是模拟地解决？由此可以细分出四种情境（图 1）。①

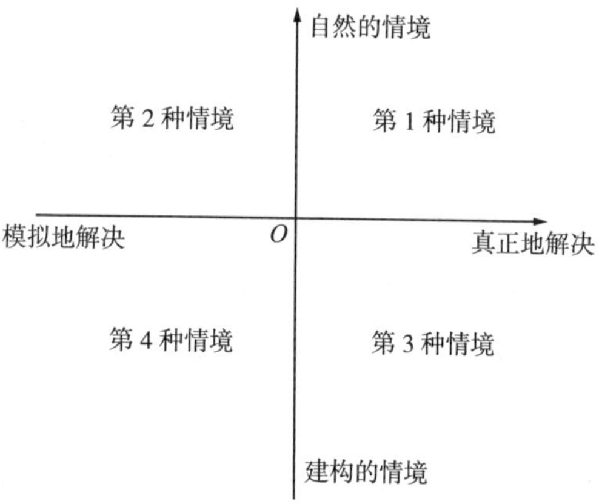

图 1　四种情境

［说明］

第 1 种情境：真实需求，任务结果和成品会得到真正使用。

第 2 种情境：真实需求，模拟解决，方案或成品不反馈至真实的需求提出者，不真正投入使用。

第 3 种情境：根据教学或评估需要，模仿现实生活建构情境，但任务结果和成品可能让相关主体受益。

第 4 种情境：根据教学或评估需要，模仿现实生活建构情境，学生模拟解决任务，任务结果和成品不真正投入使用。

比如在进行传统课堂小说教学时，我们可能先要教授学生人物、情节、环境三要素等小说阅读知识，然后让学生进入文本对小说的主题思想和作品意义进行理解、分析、鉴赏，最后让学生以读促写，完成一次撰写小说的作业。而在语文项目学习中，教师可以进行两种设计：设计一，假设学

① 叶丽新. 读写测评：理论与工具［M］. 上海：上海教育出版社，2020.

生以编剧的身份来“创编一个故事推荐给制片人和导演”。[①]这是教师模拟现实生活建构的情境，同时教师在学校环境中没有办法真正营造制片人和导演现场选故事的场景，所以情境设计体现模拟地解决，属于第4种情境。设计二，为迎接学校文学节活动，班级举行一次故事分享会，评选出“最佳表演奖”“最佳创作奖”，获奖者代表班级参加学校文学节活动。将学校文学节活动、班级故事分享会与学生的真实需求建立联系，体现对自然情境的创设，同时学生完成的任务作品能够真正投入使用，情境设计体现真正地解决，属于第1种情境。

无论是基于真实自然的情境，还是建构模拟所创设的情境，都是根据实际需要选择和设计的，都可以被称为真实、富有意义的情境。四种情境无所谓品质优劣，只不过教师需要考虑清楚其适合于学生素养发展的何种阶段、何种场合。因为从第1种情境到第4种情境是一个连续体，建构性、模拟性逐渐增强[②]，对于学生素养的综合要求也在逐步提升。在语文项目学习的过程中，第1种情境更适合融入日常教学，对学生体验学习过程效果更佳，所以选择设计二比设计一更合适；而第4种情境更适合测试评价（例如作业、测验、考试），既解决了时空受限的问题，又对学生进行阶段性测评与未来展望，效果更好，所以选择设计一比设计二更合适。由此，在语文项目学习中，关注“回归生活，贴近真实”的设计思路非常重要，因为情境赋予事物或活动以某种意义，所以只有创设有意义的真实情境，才能让学生建立学习与他们当下生活的关联，进而真正理解学习的意义。

二、问题情境设计的关键点：纵横多维，重视整合

在语文项目学习问题情境设计的过程中，为何要重视多方面的整合

① 俞雯．可行的真实性任务，开放的挑战性问题：“原创故事分享会”语文项目学习［J］．语文学习，2020（4）：29-33.

② 叶丽新．读写测评：理论与工具［M］．上海：上海教育出版社，2020.

呢？问题情境作为现实生活的局部缩影，可能蕴含着丰富、复杂的信息和关系，学生需要综合运用各种知识、技能和态度才能完成任务。情境的复杂性，不完全取决于要实践的语文项目的类型，要调动的知识、技能和态度，它主要取决于要调动多少知识、技能和态度。[①] 因此，能否引发有意义的整合，是衡量问题情境品质的重要指标之一。

首先，从横向角度观察问题情境，大体可以从三方面进行整合：其一，通过旧知新知、课内课外的联动达成学习资源的整合，即教师打破教材某个单元，根据项目的目标、项目的主题，对教材的选文、课外名家经典篇目加以选择、重组，形成项目学习的资源整合；其二，通过阅读与写作活动的整体化设计达成学习内容的整合，即教师反思过往阅读和写作割裂的教学问题，借助项目学习“做中学”的特征，设计“读中写”的任务要求，以读促写，读写融通，实现项目学习的内容整合；其三，通过言语实践活动与相关辅助活动的协同达成学习方式的整合，即将项目的主要活动定位为聚焦语言文字运用和文学作品欣赏的言语实践活动，再辅之以公众号推文的设计、制作、美化等一系列非语文的活动，形成项目学习的方式整合。

在语文项目设计中，制作专题微信公众号是比较流行的一种学习方式。比如围绕“文学阅读与写作”学习任务群，某班级在七夕节期间制作了一期名为“鹣鲽情深深几许”的微信公众号特别推送[②]，要求学生提供描述夫妻情深的文章一篇，推荐词一份，相关视频、音频、图片等辅助素材若干。为了实现语文项目学习有意义的横向整合，情境问题的实施步骤进行了如下细化：

1. 交流学过的篇目，搜索更多与项目主题相关的作品。

① 易克萨维耶·罗日叶．为了整合学业获得：情景的设计和开发［M］．汪凌，译．上海：华东师范大学出版社，2010.

② 樊新强．强化整合，深化言语实践活动：“公众号七夕专题推文”语文项目学习［J］．语文学习，2020（2）：31-36.

2. 涵泳品味专题补充阅读篇目，探究创作意图与艺术手段之间的关系。

3. 精读单元学习篇目，泛读初高中相关已学篇目，探究叙事视角与艺术效果之间的关系。

4. 小组合作，形成推选标准；推选名篇，确定推荐词。

5. 回想家人之间的情感，写一写生活中充满爱意的片段。

6. 小组合作，确定推文版式和辅助材料，完成一期公众号的推送。

上述案例呈现了在问题情境设计中对资源、内容和方式的多方整合。

其次，从纵向角度观察问题情境，一个好的情境和问题设计，应当带领学生（尤其是高中学生）经历一段高阶思维发展的过程，大体如下：

1. 获得事实，产生观念。

2. 观察事实，建立事实、观念或问题之间的关联。

3. 用行动检验和进一步证实观念。

4. 反思观念，实践观念。

5. 完善观念，表达观念。

完成任务是外显的行动，促进思考是内隐的思维。一个好的情境问题设计必然包含具有清晰说明或明确指导的项目实施步骤，而这需要纵向整合。其环节之间环环相扣，纵深推进（类似课堂教学中的“问题链”），表面上看它们是循序推动学生完成驱动任务的步骤，本质上它们是触发学生思维形成的支架。教师一定要有问题解决的整体观，不要上来就把知识拆解成零碎的成分，然后按照知道、理解、应用的顺序逐步练习。课堂教学应当创设类似的真实情境，给学生提供真实的思维场景。①

综上所述，在语文项目问题情境的设计过程中，需要重视纵横两个方向的多维整合，由此可以培养学生获得事实，产生观念，建立事实、观念或问题之间的关联的能力。正是在这个过程中，学生才会发展思维，形成

① 杨向东．关于核心素养若干概念和命题的辨析［J］．华东师范大学学报：教育科学版，2020（10）：48-59.

观念，孕育价值，学会人际交往的规则。核心素养也就在这样的过程中慢慢形成。

三、问题情境设计的突破点：激发动机，完成产品

语文项目学习的实践主体是学生，因此如何将教师心目中富有意义的问题情境变成学生心目中容易理解、迅速行动的对象，创设能激发学生动机的问题情境就显得十分重要。怎样的问题情境能激发学生学习动机呢？学生需要察觉到教师用心衡量过自己需要克服的困难，也就是说，在学生看来，他在情境中要跨越的阶梯是可以接受的（图 2）。[①]

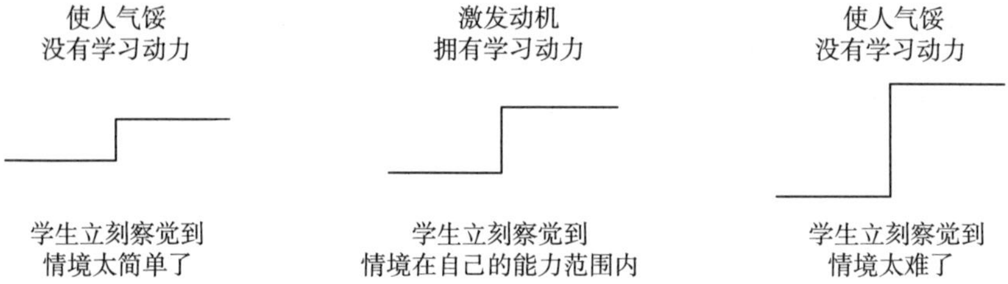

图 2　学生要跨越的难度水平和学习动力的关系

只有学生认为情境是适切的，才有可能建立情境与学生积极情感之间的关联，调动学生积极的情感体验和熟悉的知识技能，让学生活跃起来，主动投入并完成任务，而不是为了完成任务而完成任务。

更重要的是，当学生被要求完成一份开放的、能融入自己个人色彩的、真实的产品（问题的一种形式），而不是学会什么知识时，“一个项目就真正启动了”。[②] 一个好的情境问题应当指向一个可期待的、可以明确达成的产品，例如一篇文章、一篇反思札记、一份活动推进计划、一份问题的解

① 易克萨维耶·罗日叶．为了整合学业获得：情景的设计和开发［M］．汪凌，译．上海：华东师范大学出版社，2010.

② 鲍勃·伦兹，贾斯汀·威尔士，莎莉·金斯敦．变革学校：项目式学习、表现性评价和共同核心标准［M］．周文叶，盛慧晓，译．长沙：湖南教育出版社，2020.

决方案等。

比如当面对“思辨性阅读与表达”学习任务群时，教师可以借助校园辩论赛等契机，在语文课堂上开展基于单元学习主题的班级辩论会，评出优秀辩手，推荐其参加学校的辩论赛。[①] 在语文项目设计之初，教师可以引导学生参与讨论单元学习目标和学习重点，拟定辩论会辩题，完善辩论会活动赛制，以及设计辩论会过程评价量规，等等。在充分讨论的基础上，学生可以明确了解任务，积极完成产品，如：

1. 完成一份班级辩论会活动方案。

2. 围绕教材单元学习内容，梳理一份专题资料。

3. 确定班级辩论会的辩题。

4. 撰写一篇围绕辩题的论述文章和一份活动反思札记。

为了激发学生动机，完成有质量的产品，教师需要从多方面考虑。

其一，情境问题中的情境要素应当关注与学生的真实生活建立联系，须知语文的外延就是生活的外延，应重视不断更新迭代设计，避免简单机械地照搬。

其二，情境问题中的问题要素应当关注学生实际的语文能力水平，拾级而上、螺旋上升，体现适切性特征，须知处于“最近发展区”的学生最容易保持好奇心，燃起主动学习的热情。

其三，情境问题中的问题要素应当关注学生完成的产品对其而言是真正有用的，且是可视化的。例如推动“活动反思札记”产品完成可以帮助学生对项目学习过程中遇到的困难和挑战、收获的指导和帮助、使用的方法和技能、改进的方向和策略等方面进行自我反思，从而有助于对学生元认知能力的培养以及综合学习能力的提升。语文核心素养在语文经验慢慢累积的过程中逐步得到培养。

① 施海红．再造学程　重构内容　转变评价：“奇葩星球辩论会”语文项目学习［J］．语文学习，2020（6）：29−34.

多学科视域下的新课程、新教材诗歌学习活动设计研究（情报综述）

《普通高中课程方案（2017年版2020年修订）》第三条“课程内容确定的原则”中明确规定课程内容的基础性和关联性的原则，即“面向全体学生，依据学生发展核心素养，精选学生终身发展必备的基础知识和基本技能，打牢学生成长的共同基础。注重培养学生的学习兴趣、学习能力和探索精神，注重培养分析问题、解决问题的能力”和“注重学科内容选择、活动设计与学生发展核心素养养成的有机联系，关注学科间的联系与整合”。

在基础教育高中教材中，语文、英语、思想政治、艺术类学科都有诗歌文本入选教材，这为多学科视域下通过协同教学，开展诗歌学习研究提供了重要基础。诗歌是兼具文学性、语言性、哲学性以及音乐性的艺术形式，也是感性、理性和审美的表达载体，是学生的道德人格发展和审美体验过程中必要的学习资源。诗歌学习不仅有利于学生增加人文积淀、人文情怀和审美体验，也有助于学生提升乐学善学、善于反思、信息意识的核心素养。

一、研究问题、意义和方法

（一）研究问题

我在一线从教多年，并有赴国外接受教育再深造的经历，对在中学课堂开展协同教学的问题一直十分关注。归国后我致力于这个方面的实证研究，在使用新课程、新教材的“双新”背景下，聚焦多学科协同教学，开展以学生为主体的诗歌学习活动设计研究和实践探索研究。

（二）研究意义

将协同教学理念真正落实到高中教学活动之中，有助于教师实施差异教学，激发学生课堂兴趣，尊重学生个性发展，提升学生个体能力；有助于打破学科壁垒，促进教师之间的协作，增强教师的团队优势；有助于提高教学实效，帮助教师获得个体专业成长；有助于探索教学实施方式与策略的转变，顺应教育改革发展的方向。实施协同教学，更有助于学生在真实、复杂的情境中，发展拆解任务、规划学程、借助资源、解决问题的能力。

（三）研究方法

围绕多学科协同教学下的诗歌学习活动设计及其实践研究，采用文献资料法、案例分析法和问卷调查法，重点关注诗歌学习活动的主题确定、内容设计和评估方法的研究。

二、协同教学理论成果

（一）概念界定

1. 协同教学概念

协同教学（team teaching）不同于传统的、单一的学科教师指导形式，是由两位或者两位以上的教师以一种专业的关系组成教学团队，为满足不同学生的个性发展需要，发挥个人专长，在单科或综合课程教学中，充分运用各种教学资源，共同对某一固定学生团体的学习负责的教学组织形态。[①]

① 孙晓俊．合作教学：新课改下中学数学教学的有效途径［M］．北京：光明日报出版社，2015.

2. 协同教学发展

协同教学最先起源于20世纪五六十年代的美国，由“协同教学之父”美国华盛顿大学教授夏普林提出，旨在鼓励和帮助学校开展改革教学组织形式和教学方法的实验。[①] 协同教学早期在英语国家兴盛发展，主要为母语为非英语的学生提供学科英语学习的辅助指导，限于专业教师和语言教师之间的合作范畴；20世纪六七十年代，曾在日本、韩国等一些国家试行，开展协同教学模式下的汉语教学；90年代后，中国高校逐渐引入协同教学理论，主要应用在研究生教学、实验教学中；近年来，中国基础教育、特殊教育开始探索实践。

3. 协同教学模式

常见协同教学模式包括多师共同授课教学（一般两位教师，美国主要采用这种模式）、传统协同教学、辅助协同教学、平行教学、分班教学和监督教师六种模式。此外，还存在教师在一起工作、合作，但是独立授课，有时也采取分组教学或循环教学的形式。在这种模式中，教师组成教学小组，主要通过集中开会、分享思想、资源共享、共同制订教学计划等形式合作互动。[②]

（二）理论基础

1. 多元智能理论

多元智能理论认为人的认识和思维模式是多元的。人具有八种多元智能：言语语言智能、数理逻辑智能、视觉空间智能、音乐韵律智能、身体运动智能、人际沟通智能、自我认识智能和自然观察智能。在“双新”背景下，该理论为教师面对个性迥异的学生，选择多样化的教学模式进行因材施教提供了理论支撑。

① 谢宇．协同教学模式下的韩国高中汉语课教学分析：以东邦高中和道安高中为例［D］．西安：西安外国语大学汉语国际教育专业，2018.

② 李翠华．合作教学中的师师互动研究［D］．济南：山东师范大学教育学原理专业，2007.

2. 元认知教育理论

元认知即自我认知，是一个人对于自己的思维或学习活动的认知和控制，是认知者对思维活动的自我体验、自我观察、自我监控和自我调节。其实质是对认知活动的自我意识、自我控制。该理论对提高教师协同教学质量、培养学生协同学习意识具有重大指导意义。

3. 终身教育理论

终身教育理论认为受教育应当是每个人一生的过程。在每个人需要的时候，均可以最佳的模式获得必要的知识。该理论并非一个完整的教育体系，而是建立一个体系的全面组织所根据的原则。① 协同教学受终身教育理论的影响很大，是实施跨学科视域下各类学习活动研究的理论基础。

三、协同教学指导下的诗歌学习成果

（一）基于新课程、新教材的诗歌学习内容

1. 诗歌的语音学习

诗歌的语音学习应该列为新课程、新教材诗歌学习的重点。诗歌中平仄与押韵、双声与叠韵、节奏与节拍、叠音等都是诗歌语音运用的表现形式。学生通过对诗歌语音的分析，理解诗歌语言的音乐美，感悟作者的思想情感。

2. 诗歌的词语学习

诗歌的词语学习是另一项诗歌学习的重点，包括对意象词语和炼字艺术的学习。依据词语属性，诗歌意象词语可分为自然的、社会的和神话的三种类型。诗歌词语学习需要关注诗歌意象的演进与翻新、对立与组合等情况。意象词语的使用不仅在于传递作者情感，也向我们展示着璀璨多姿

---

① 杨娜．跨学科教学模式在高中英语阅读课教学中的应用研究［D］．哈尔滨：哈尔滨师范大学学科教学专业，2018.

的文化形式。此外，诗歌词语学习还包括炼字艺术，特别关注动词、形容词、数量词三种词汇的炼字效果。

3. 诗歌的修辞学习

诗歌的修辞学习也是新课程、新教材诗歌文本的一项重要学习内容。学生应关注诗歌文本中比喻、对偶、排比、夸张等修辞的灵活运用，特别要重视隐喻、象征在诗歌中的语用形式及其修辞效果。①

4. 鉴赏方法的学习

“双新”背景下，高中诗歌学习还应关注诗歌鉴赏的基本方法。根据不同时期、不同体式的经典诗歌作品，借助知人论世、以意逆志等方法把握诗歌内涵，体悟作者对社会与人生的思考，理解作者的精神境界，提升综合审美鉴赏力。

（二）协同教学环境创设与课堂交互技术应用

高中“双新”课程实施，需要信息技术与课堂教学深度融合。为提升课堂教学效率，推动课堂变革向纵深发展，创设协同教学环境，应用课堂交互技术势在必行。创设安全、平等、富有意义的对话环境，同时综合调动丰富的前沿课程内容资源和线上技术资源，有助于提升协同教学下诗歌学习活动的品质。

在多学科视域下的协同教学过程中，教师可以借助线上教育资源的统计分析功能，分类汇总学生诗歌学习情况的真实呈现，精准高效地呈现学生对诗歌理解的总体倾向、平均水平、特殊情况等；教师可以选择使用具有互动反馈功能的教育技术作为课堂教学的支持，例如真实呈现学生典型问题的示例，动态交互学生对问题讨论的现场生成，实时反馈学生解题的评价倾向，从而追根溯源，更好地帮助学生反思学习发生偏差的真正原因；教师也可以选择使用具有共享编辑功能的在线教育技术，作为课堂教学工

① 李双宏．语文核心素养视域下诗歌的语言教学研究：以人教版高中语文教材为例［D］．昆明：云南师范大学文学院，2018.

具，借助共享文档、多人编辑，加强教与学过程的可视化。例如在课堂讨论环节，教师可以运用多种颜色醒目标注关键词句，学生可以借助互动批注碰撞想法等；教师还可以选择使用具有推送功能的在线教育技术推进学习，例如借助平台文档发布功能，在线向学生发送课前学习资源（学习任务、核心问题、知识卡片梳理等）、课堂学习支架（空中课堂视频、专题课件、思维工具等）、课后学习拓展（课堂总结、巩固训练、补充阅读等）。通过综合灵活地引入在线资源，教师可以有效协同指导学生将复杂的问题清晰化，将隐形的思维显性化，将零碎的知识结构化，将深度学习学程化。

（三）协同教学指导下的诗歌学习教学策略

1. 创设安全、平等、富有意义的对话环境

良好的学习环境是有效学习的重要保障。[①] 高中课堂，尤其是文科课堂应当体现开放性、思辨性的学科特征。要调动学生的学习积极性，激发其对诗歌学习活动的好奇心和求知欲，教师重视倾听和表达的对话环境是首要前提，具体策略为以下几个方面。

首先，教师应满足学生的安全需求，使学生能勇于表述自己的观点和看法，形成良好的对话氛围。其次，教师应在教学过程中努力破除教师权威和“优等生”“后进生”的差异感，创设平等的学习环境。教师要尊重每一位学生表达的权利，相信每个人都具有独特的思考模式，能给课堂注入思维的源泉。最后，学习情境要对学生构成意义。教师应帮助学生努力挖掘生活中学习诗歌的意义，引发学生的认知冲突。

2. 优化选择协同教学模式

协同教学模式是否有效，关键在于因地制宜，优化选择。在发源地美国，协同教学发展历史悠久，整个教学运行是一种相对成熟、复杂的系统“涌现”过程。在第二语言学习课堂中，教师促使学生语言习得发生的“涌

① 张春莉，王艳芝．数学教学中实施协同学习的策略初探［J］．教育科学研究，2018（12）：55-60.

现”条件包括构材、量积、质组和环境，具体包括课前做好教学素材的设计选择（构材），课堂准备充足的高频度语言体验实践机会（量积），帮助学生获得语言的习得（质组），以及合适的教学环境的支持（环境）。①

在韩国，汉语的语法教学、歌曲教学和课堂活动过程中，多学科教师共同主导的合作式教学效果更好；而在课堂纪律管理方面，一名学科教师主导，中文教师辅助的辅助协同教学效果更佳②。需要特别指出的是，协同教学的模式选择并非一成不变。随着学习内容的深入，在学生的汉语水平有所提高之后，对于课堂纪律管理要求降低，对于课堂融合学科专业需求增强，可以根据整个学程推进和学生语言学习能力的实际情况，灵活调整协同教学的实践形式。

在国内沿海发达城市，协同教学着眼于跨学科协同备课机制的探索，是在尊重各学科相对独立性的基础上，结合当前中学课程设置和评价体系，并以学生学习需求为导向，进行的一种文科大视野的统整融合（诗歌学习涉及语文、英语、哲学、艺术等多学科）。也就是说，在多学科视域下的诗歌学习教学，不自觉地出现以某一学科为主导、其他学科加以配合的情况，但会根据需要发生流变，这就使协同备课机制具备一种联席会议的性质，亦是一种去中心化的体制构建。

3. 研发整合跨学科优势的协同课程

要将协同教学模式从一种偶尔的尝试转换为一种常态的机制，需要在整合跨学科优势的基础上研发协同课程，将教学实践固化为课程体系，以保证长期有效的良性循环，具体策略为：

其一，处理好协同课程与各课程间的关系。在不动摇原有国家基础课程体系的基础上，基于校本特色形成校本层面的特色课程，从而保证该研

---

① 盛迪韵．美国汉语教学课堂中的协同教学分析：涌现理论的视角［J］．全球教育展望，2018（3）．

② 谢宇．协同教学模式下的韩国高中汉语课教学分析：以东邦高中和道安高中为例［D］．西安：西安外国语大学汉语国际教育专业，2018．

究能够正常、独立、稳定地进行。其二，明确协同课程内部的内容设计，包括学段匹配性考察，跨学科知识衔接互补和印证的可能性考量，各课程维度差异的考察，教学进度统整可能性的考察，总体教学目标的统一性讨论，学科差异性对协同教学影响的评估，作业设计与反馈的统一性考察，评价方式的确定，等等。

4. 引入学习活动保证学生在过程中学习

无论是古典诗歌还是现代诗歌，重视涵泳品读是诗歌学习的重要环节。在协同教学指导下，教师引入学习活动可以保证学生在过程中学习，充分调动学生诗歌学习兴趣[①]，具体策略如下：

其一，创设情境指导诗歌阅读及创作（个人感知情境、社会生活情境、学科认知情境）。其二，重视不同阶段的诗歌诵读（在课前、课中、课后环节设计诗歌学习活动）。其三，采用多种阅读模式（深层阅读拓深度、比较阅读拓宽度、群文阅读拓广度）。其四，增加与诗歌相关的社会实践类活动（例如策划班级诗歌吟诵会，创办社团诗刊公众号，参加校园文化节、社会诗歌沙龙活动），为学生创造诗歌学习氛围，提供表达的舞台和实践的机会。

5. 协同教学指导下的诗歌学习评价策略

经过文献梳理可发现，目前国内中小学没有成熟的学科协同教学的评价策略可供借鉴。近年来，随着课程改革撬动评价体系的变革，必须超越过去偏重知识识记为主的终结性评价，选择并迭代能检测学生高阶思维品质和实际问题解决能力的表现性评价。有专家指出，在教学中实施表现性评价，不仅可以通过评价帮助学生成为学习的主人，而且通过学生深度投入学习活动，发挥其主观能动性，指向高阶认知目标的学习才有可能发

① 刘晓宇. 语文核心素养视角下的高中诗歌教学策略探究：以兰州二十八中学为例［D］. 重庆：西南大学学科教学专业，2021.

生。[1]今后，可以围绕多学科视域下的诗歌学习活动评价方法和评价标准设计展开研究，实证分析教师团队和学生群体的实践效果，以达成学习活动评估的科学性和可操作性。

四、总结

近年来，随着“双新”推进，教育部对中学课程性质和基本理念有了更为先进的定义，不仅重视对中学生核心素养的培养，同时还注重实践性，促进学生学习方式的转变，更加关注时代性，构建开放、多样、有序的课程体系。在当下课程改革背景下，相较过去国内学校开展多学科协同教学更为普遍和成熟。

（一）国内外协同教学的研究综述

国外协同教学如美国以第二语言学习、韩国以汉语学习为多，国外对协同教学理论的研究领域有：① 模式的研究；② 实施策略的研究，具体包括团队组建策略（寻伴策略）、课堂实施策略、评价策略、沟通策略等；③ 实施影响的研究，包括对学生、教师（教师教育、人际关系）以及学校文化的研究；④ 交叉学科的协同教学研究。

我国协同教学的理论研究现状：大陆地区尚处于对国外经验的介绍和借鉴（除了特殊教育）以及应用初期的摸索阶段，目前的论文与著述大多是对国外研究的评述以及对相关政策的解读，其中也包括一些实践性的课例研究，缺少结合我国实际情况所做的研究；我国台湾地区对于协同教学研究的起步较大陆地区早，几年前进行“九年一贯课程”改革，重视课程的统整和协同教学，引发了关于协同教学理论与应用的研究热潮。

（二）协同教学指导下的诗歌学习研究综述

多学科合作的诗歌教学在我国有部分理论基础和实践经验，相关的理

① 周文叶．表现性评价的理解与实施［J］．江苏教育，2019（14）：7-11.

论研究与实践案例比较丰富，其中涉及多学科合作的教学实践探索主要集中在诗歌的双语教学，而对中英文诗歌互译过程中语音、词语、修辞等问题的讨论比较有限，对中学教材中涉及的诗歌哲学命题思辨点拨比较浅显。由此可见，目前国内诗歌学习活动的实践所涉及的学科宽度和学习深度较为有限。

综观国内外研究现状，当前的研究为课题提供了可以学习和借鉴的理论基础和实践范例，也提供了一些研究的路径基础。但是我发现，目前在我国基础教育特别是中学教育领域，研究偏重于多学科协同合作这种手段和形式的实践探索，在具体的学习内容实施和学生学习效果的评价方面尚未引起相关学者的关注。尤其在现行的中学（高中）教材中，诗歌教学内容在跨学科中协同教学研究鲜有涉及，这为今后从事此项研究提供了空间。

高中古代经典散文学习的三重维度研究

——以选择性必修中册《过秦论》教学为例

统编版高中语文教材选择性必修中册第三单元“回到历史现场”，意在落实课标中的“学习任务群 8　中华传统文化经典研习”。该任务群是这样定位学习目标与内容的：

（1）选择中国文化史上不同时期、不同类型的一些代表性作品进行精读，体会其精神内涵、审美追求和文化价值。

（2）在特定的社会文化场景中考察传统文化经典作品，以客观、科学、礼敬的态度，认识作品对中国文化发展的贡献。

（3）梳理所学作品中常见的文言实词、虚词、特殊句式和文化常识，注意古今语言的异同。

（4）阅读作品应写出内容提要和阅读感受。选择一部（篇）作品，从一个或多个角度讨论分析，撰写评论。

（5）学习传统文化经典作品的表达艺术，提高自己的写作水平。

从课标的定位与教材主编的论述来看，选择性必修中册第三单元的学习重点当涉及三个维度：文字、文义和文化。下面，我不揣浅陋，以选择性必修中册第三单元《过秦论》为例，从三个维度探究古代经典散文学习的有效策略。

一、以联想迁移，促进文字的准确释读

高中阶段，古代经典散文学习的首要任务是在文章所提供的语境中，准确释读文字。在日常教学中，我们对教学目标的定位不应仅仅局限在“记忆 / 回忆”的认知维度上，而应当努力提升至“理解”“应用”的认知维度上，通过联想思维，在古代汉语与现代汉语知识之间，在文言学习的旧知与新知之间建立有效联系，激活学生迁移已有知识的意识和积极性，从而促进学生对文字的精准理解。具体教学策略如下：

（一）联想迁移相似的语境含义

例如在教学《过秦论》一文时，学生对于“秦人开关延敌”一句中“延”字的理解存在分歧，虽然教材中已经明确解释为“迎击”，但是教师应当寻找适合学生阅读文本的把手，使其通过自己的分析得出一种最贴近文义的理解。我引导学生对初中已经学习过的带有“延”这一文言实词的课文和具有相似历史场景的课文展开联想。通过联想分析，学生觉得在初中课文陶渊明的《桃花源记》中“余人各复延至其家，皆出酒食”和“秦人开关延敌”中的“延”字语义接近，均有“引进，邀请”之意。联系《过秦论》的具体语境，秦军撤入函谷关，“邀请”敌人入关，盟军会怀疑秦军有埋伏，各国考虑自己的利益，互相推托，所以出现“逡巡而不敢进”的局面，这与文义相符；而如果当时秦军打开函谷关“迎击”敌军，那么九国之师只能合力攻秦。以九国之师的盛势不可能出现“逡巡而不敢进”的局面。另外，由《过秦论》中两军对峙的场面联想到初中所学《三国演义》中诸葛亮对司马懿使用空城计的场景，仔细推敲“延”在文本中的语境义，若作“邀请”讲其实体现了贾谊写作手法上的精妙，那就是用九国之师的强大来对比反衬秦国实力的更加强大，也是秦国当时军事实力的最好证明。故一字之联想，一字之推敲，盘活了学生古代散文学习的知识积累与储备，促进了学生对文言文“言”的理解。

（二）联想迁移相近的典型成语

例如《过秦论》中存在“因”的一词多义现象，如“因河为池”“因遗策”“因利乘便”等。通过典型成语可以推断出“因河为池”中“因”字意思为“依靠，凭借”，“因遗策”中“因”字意思为“沿袭”，“因利乘便”中“因”字意思为“乘着”等。成语“因地制宜”中“因”指“依据，凭借”，“因循守旧”中“因”指“沿袭”，而“因利乘便”本身即为成语。在古代汉语中，有许多文言字词的含义特别丰富，运用也十分灵活，而其多项含义往往会被成语“凝固”下来，保留至今。掌握丰富的成语也成为学习古代汉语和现代汉语过程中重要的桥梁。

（三）联想迁移相同的语法结构

例如要解释《过秦论》中“追亡逐北”的“北”字含义，可以首先分析这个短语的语法结构。“追亡逐北”为动宾结构的联合短语，其中“北”与“亡”语义相近，词性相同。通过语法结构可分析推断出“追亡逐北”中“北”字意思为“溃败往回逃跑的军队”。

（四）联想迁移汉字发展的基本规律

例如，《过秦论》中“叩关而攻秦”的“叩”字的含义，可以通过对古代汉语中单音节字组词，推断出“叩”意思为“攻打”。古代汉语中的词以单音节居多，现代汉语中的词往往以双音节为主。而许多现代汉语中的词是由古代汉语中单音节词组成的偏义复词发展而来的。所以对古代汉语中一些字进行组词，我们可以猜出这些字在古代汉语中的含义。

以联想迁移，促进文字的准确释读是众多古文学法中的一种，也确实是简便且有效的一种策略。其不仅能促进学生在相似语境中合理推断的能力的提升，也有助于培养学生运用已知信息处理、加工、合成的复杂能力，正所谓“得法于课内，得益于课外”。

二、以辨析比较，体会文义的独特魅力

此处“文义”不等同于“文意”。据许慎《说文解字》记载：“意者，志也。从心察言而知意也。从心从音。‘義’者，己之威仪也。从我从羊。”“文意”指的是作品的志趣所在，可言其梗概，有高下之分；而“文义”有多种解释，主要是指文章写成的条理脉络。针对统编版教材群文阅读的学习要求，借助辨析比较的教学策略，可以引导学生在同一题材下，比较阅读不同作者的作品，体会不同文义的独特魅力。

同样以《过秦论》为例，在过去沪教版教材的教学中，可以让学生比较阅读杜牧的《阿房宫赋》(高一已学)、苏洵的《六国论》(高二已学)和贾谊的《过秦论》(高二新学)三篇作品；在当下统编版教材的教学中，贴近教材群文阅读(史论作品)和单元研习主题(回到历史现场)的教学要求，可以将编于同一单元之下的两篇课文《过秦论》《五代史伶官传序》进行辨析比较(表1)。

表1 《过秦论》《五代史伶官传序》比较

比较角度	相同点	不同点
评述历史的角度	站在各自所处的时代评说前朝得失，鉴古观今，才能够从“人事”出发，思考帝王应如何治国	《过秦论》通过宏大的历史事件分析影响王朝更替的因素，《五代史伶官传序》从极细微的角度切入纵说天下大事
表现形式	—	《过秦论》以赋体为文，《五代史伶官传序》以散体为文
语言特点	句式灵动多变，长短交错，整散结合	《过秦论》文采斐然，辞藻相对华丽；《五代史伶官传序》的言语相对更为平易，文从字顺，明白晓畅
……	……	……

以上两篇古代散文虽然均为史论，但因评述历史的角度不同，故文义各有千秋。教学重点聚焦于《过秦论》一文观点：“仁义不施而攻守之势

异也。”在辨析比较过程中，学生自然质疑：为什么贾谊要如此关注“仁义”对于秦国兴衰的重要影响和作用呢？我认为，探究文本的“文义”，梳理文章的条理脉络是读懂《过秦论》(上篇）深意的关键所在。贾谊总结秦王朝灭亡的教训，是以当时汉朝时局为出发点的。贾谊说：“前事之不忘，后事之师也。是以君子为国，观之上古，验之当世，参之人事，察盛衰之理。”贾谊认为“察盛衰之理”是为汉朝“立经陈纪”、制定“万世法程”的依据；秦朝千错万错，归根到底就一个错——“仁义不施”。因此，在贾谊看来，为使汉朝长治久安而不至于重蹈秦亡的覆辙，就必须施仁义、行仁政。君行仁政，“以幸天下，以育群生，至仁也”。但是，与前人“仁义观”有所不同，贾谊的“仁义观”带有强烈的民本主义色彩。贾谊从秦的强大与灭亡中，看到了“民”在国家治乱兴衰中所起的至关重要的作用。贾谊认为，秦之所以强大起来并能统一天下，根本原因就在于它顺应了历史发展的潮流并合乎了民心，所以“当是时也，商君佐之，内立法度，务耕织，修守战之具，外连衡而斗诸侯。于是秦人拱手而取西河之外”。在当时，“周室卑微，五霸既灭，令不行于天下”，“秦南面而王天下，是上有天子也。既元元之民冀得安其性命，莫不虚心而仰上，当此之时，守威定功，安危之本，在于此矣”。而秦之所以失天下主要原因同样在于此。秦在得天下之后，不但不爱惜民力，而且还采取了愚民、弱民、防民之策，繁刑严诛，横征暴敛，不顾人民的死活，结果丧失民心，国家顷刻瓦解。所以，贾谊认为“民无不为本也，国以为本，君以为本”。以这种民本主义思想为基础，贾谊认为施仁义、行仁政，其主要内容就是“爱民”，“故夫民者，弗爱则弗附”，只有“与民以福”“与民以财”，才能得到人民的拥护。反之，如果像秦国那样，“不亲士民，废王道而立私爱，焚文书而酷刑法，先诈力而后仁义，以暴虐为天下始”，其结果只能落得个“身死人手，为天下笑”的下场。所以，贾谊通过强调“仁义”这一观点，实则为汉朝提出了一个“仁以爱民”的儒家式的政治统治模式。

三、以追根溯源，评析文化的丰富价值

高中古代经典散文的第三重维度是透过文言文的“言”，追溯本源，体悟中华优秀传统文化的丰富价值。古代经典散文之所以经典，正是因为其蕴藏着中国悠久传统的精神内涵、审美追求和文化价值。

古代经典散文与中华优秀传统文化有着天然的联系。这是因为语言词汇的起源、形成、演变与成熟都蕴含着文化，而这种文化信息更多地积淀在较古老的语词当中。在实际教学中，不仅要使学生知道语言的含义是什么，而且要引领学生追根溯源，了解为什么会形成语言，充分挖掘隐藏于其背后的文化价值，从而增强学生对中华民族文化的认同感、自豪感，增强文化自信。再次以《过秦论》为例，教学实践如下：

（一）追溯古代汉语生长的源头

“于是废先王之道，焚百家之言，以愚黔首”一句，教材对“黔首”的注释为“秦朝对百姓的称呼”。这一注释本无误，然而学生对于秦朝的百姓为何叫“黔首”表示不理解。于是，我运用传统训诂学的方法，分别从两个方面进行诠释。首先，从“黔”字的本义分析入手。《说文解字》中有解释：“黔，黎也。从黑，今声。”按许慎注，秦谓民为黔首，秦以前谓民为黎民。那么，“黑”与“百姓”又有什么关系呢？秦朝人认为，百姓由于长年耕作，日晒雨淋，脸色黑黄，故称“黔首”。《广韵》也有类似解释：“黧，黑而黄也。”后来，有人把“黔”“黎”合称，“黔黎”即黔首和黎民的合称，有庶民、百姓之意。其次，从“五行”分析入手。秦始皇并吞六国之后，建立了专制主义中央集权机构。同时，他还采用了战国时期有着广泛影响的阴阳家的“五德终始说”（表 2）。“五德”即金、木、水、火、土所代表的五种德性。“五德终始说”认为，各个朝代的德性是遵循这五行相生相克的规律进行更迭，周而复始的。秦始皇对此深信不疑，相信秦（水）克周（火），就是“水克火”。秦始皇崇尚水德，水对应五色之黑色，因此

他崇尚黑色。这样，在秦朝，黑色被视为尊贵的颜色，秦的礼服、旌旗等都用黑色。所以，秦嬴政令百姓戴黑头巾，名曰“黔首”。

表 2　五德终始说

五行	五方	五色
木	东	苍
火	南	赤
土	中	黄
金	西	白
水	北	黑

（二）探寻古代汉语发展的历史轨迹

古代散文教学是对负载中国传统文化的古代汉语文献最好的诠释，其本身就在于记录、参与甚至构建着文化。《过秦论》“山东豪俊遂并起而亡秦族”中的“山东”保留了中国古代特定时期地理概念“崤山以东”，与今天“山东”概念截然不同。“于是秦人拱手而取西河之外”中“拱手”指“两手合抱，形容毫不费力”。而《谏太宗十思疏》“鸣琴垂拱，不言而化”中的“垂拱”指垂衣拱手，不亲自处理政务，就能治理好天下（即道家所提倡的无为而治的治国之道）。“拱手”一词随着时代的推移，由外显的动作演变为内隐的治国之道，使学生真切感受到中华优秀传统文化变迁的鲜活脉络。

古代经典散文因时代距今久远，理解文字本已不易，体会文字背后的思想、精神更属难事。[①] 以上内容挂一漏万，深耕一文，希望通过观察文字、文义与文化三个维度，对古代经典散文学习的有效策略形成更为完整、深入的认知，从而帮助学生有效落实语文学科核心素养，尤其是“文化的传承与理解”这一素养。

① 樊新强．先秦诸子散文教学的重点与策略——以统编高中语文选择性必修上册第二单元为例［J］．语文学习，2021（6）：28-32.

高中语文批判性思维培养的策略研究

——以议论文写作教学为例①

近年来，如何提升高中语文学科核心素养中“思维发展与提升”这一素养，引起教育界的热烈讨论。高中时期恰好是学生学习议论文写作的重要阶段，同时也是思维发展水平从形象思维进入抽象思维发展的重要阶段，特别是发展以批判性思维为代表的高阶思维的黄金期。但是囿于一些重“术”轻“道”的教学观念和重“近利”轻“远益”的负面影响，当前高中学生在议论文写作中普遍存在批判性思维品质不佳的现象。基于以上现状，我聚焦高中议论文写作训练，通过完善循序渐进的教学设计，引进清晰有效的思维工具，以及开展细致周密的过程评价，等等，培养学生的批判性思维，切实引导高中生在语文学习过程中发展良好的思维能力和品质。

一、通过完善循序渐进的教学设计，达成批判性思维的学习目标

（一）课型化粗为细，目标制订聚焦清晰

写作是思维的产物，是运用一定的语言形式表达思维的载体。在高中阶段，教师通过议论文教学的精心设计，有助于思维，特别是高阶思维——批判性思维的培养目标达成。基于此，我们可以先从完善写作课型分类着手。我打破传统以写后讲评为主的写作教学课型，将写作教学课细分为作前指导课、作中指导课和作后指导课，并明确了批判性思维培养的总体目标和相应的具体目标（表1）。

① 本文发表于《上海课程教学研究》2019年第3期。

表 1　写作教学课型分类表

教学课型	批判性思维培养总体目标	批判性思维培养具体目标
作前指导课	1. 有效地运用书面语言准确、清晰、有逻辑性地表达自己的观点 2. 运用批判性思维审视自己过往的写作经历和思考过程	1. 辨认问题、目的、观点 2. 概括、阐明写作材料的意义，并对材料进行分类 3. 搜集、筛选、比较、分析与问题相关的背景信息（不同角度、不同来源）
作中指导课		1. 辨认材料中的核心概念，能够在具体语境中界定概念 2. 寻找、质疑证据。根据理由及证据的强度来掂量观点的可信程度，权衡互相竞争的证据的有利之处和薄弱之处 3. 构建假设（价值观、描述性），考虑多种可能性 4. 学习因果推理分析，强化前提和结论之间的逻辑关联性 5. 学习在综合性地权衡“判断”的有力之处和薄弱之处之后，做出一个有充分理由支持的判断
作后指导课		1. 反思证据的效力（直觉、个人经历、典型案例、当事人证词、专家或权威意见、个人观察、研究报告、类比） 2. 反思理由的可替代性（必然因果、唯一还是之一、组间差异、相关还是因果等） 3. 反思数据的迷惑性（不知来历和带有偏见的数据、平均值选择、数据的省略、数据的表述方式） 4. 反思推理的逻辑性（是否存在各种谬误）

围绕高中语文学科核心素养“思维发展与提升”要求，同时总结写作教学课型并将其归类细分，意图是将原本笼统抽象的批判性思维培养目标具体化。这有助于语文教师梳理思路，有的放矢地借助议论文写作教学达成高中学生思维培养的目标。

（二）能力由易到难，写作过程因势利导

过去的写作训练往往采用当场出题让学生写作的方式，这尽管能较好地体现学生写作的真实水平，但客观上忽视了学生写作前运思准备的重要环节，不利于学生批判性思维的长远发展。聚焦同一教学目标，我在议论文写作前设计不同能力等级的写作学案，对不同写作能力水平的学生开展有针对性的指导。以“某打车软件取消加价”材料写作指导为例（表2），围绕同一教学目标我设计了三个能力等级：一级能力要求学生达成本次写作基本训练要求；二级能力要求学生在达成基本训练要求的基础上进行能力提升，多角度思考问题，并将内隐的思维结果外显化；三级能力要求学生在达成基本训练要求的基础上提升，达成目标的形式更加开放。

表2 “批判性思维与议论文写作”学案设计

教学目标	能力等级	学案要求
借助作前剪报活动，学习搜集、筛选、比较、分析与问题相关的背景信息（不同角度、不同来源）	一级能力	1. 阅读材料，请问某打车软件取消加价能缓解“打车难”的社会问题吗？你的看法是（ ） A. 能 B. 不能 2. 了解某打车软件发展历史及最近新闻，搜集与本次写作材料相关的重要资料（请标明文章来源）
	二级能力	1. 阅读材料，请问某打车软件取消加价能缓解“打车难”的社会问题吗？你的看法是（ ） A. 能 B. 不能 2. 在下列关于视角的选项中选一个并打钩，完成写作专题资料整理 □会使用某打车软件者 【要求】至少采访三位会使用某打车软件者（请注明人名，不可与其他同学重复），了解他们在使用该打车软件打车的过程中所遇到的问题 □不会使用某打车软件者 【要求】至少采访三位不会使用某打车软件者（请注明人名，不可与其他同学重复），了解他们在未使用该打车软件的情况下打车所遇到的问题 □出租车司机 【要求】采访至少一位出租车司机（请注明所属公司及司机编号），了解他们在某打车软件出现后所遇到的问题以及对取消加价的看法 □打车软件创始人及CEO（首席执行官） 【要求】搜集关于某公司CEO、创始人的生平，搜集因打车软件问世导致出租车行业发生变化的相关资料
	三级能力	1. 阅读材料，请问某打车软件取消加价能缓解“打车难”的社会问题吗？你的看法是（ ） A. 能 B. 不能 2. 除了以上视角，你能否想到其他视角？请选择一种视角，至少搜集三篇相关资料，整理完成一份写作专题资料（请标明文章来源）

二、通过引进清晰有效的思维工具，搭建批判性思维的学习框架

（一）PCQ 表格

PCQ 表格的项目由支持（Pros.）、反对（Cons.）以及问题（Questions）组成。PCQ 表格是培养批判性思维的一个基本工具，主要适用于议论文写作指导的作前和作中两个阶段。因为学生在写作之前绝大部分的思考是零散的、无序的、多少带有局限或偏见的，这本身就与批判性写作的精髓相悖，所以无论是教师的写作教学过程还是学生的写作实践过程，借助 PCQ 表格都可以以更细致的方式检查自己思考与证据的充分性和缜密性。

（二）思维导图

思维导图是培养批判性思维的第二个基本工具，主要适用于议论文写作指导的作中和作后两个阶段。议论文写作要能有理有据地进行立论、驳论，需要找到合适的理由。但是，理由和论题之间的联系常常不是很快就可以发现的，需要学生去寻找、探索和阐述理由——建立清晰的因果思维链。使用思维导图工具可以帮助学生用图文结合的直观方式，建立因果思维链，有效增强论证力度，从而有逻辑地表达自己的观点（图 1）。

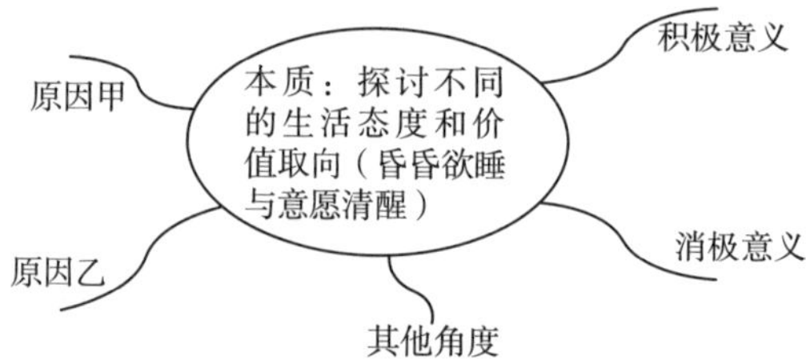

图 1　写作思维导图（理想模型版）

作为另一个重要的思维工具，思维导图相较于 PCQ 表格在议论文写作训练中更能帮助学生将思维引向深入。借助思维导图，学生可以对写作问题的原因或意义作层层深入的追问，进而思考其下一层级的原因或意义是什么。“追问”是批判性思维培养的核心环节。作文的观点、行文的层次大

多都来自追问，追问之下才有观点，追问之下才能修正观点。追问的意义在于，它告诉学生作文不是浮在材料表面来写，而是透过现象逐级深入材料内部，对问题展开由表及里的深入探究。我认为，将思维导图应用于议论文写作中，将有助于学生形成清晰有效的思维路径。

（三）语言支架

根据“支架”这个建筑术语，卡兹登（Cazden）将其与“最近发展区”理论联系起来，即教师可以为学习者建构知识的理解提供概念框架。语言支架是培养批判性思维的另一个基本工具，同样适用于议论文写作指导的作中和作后两个阶段，特别是作后阶段。在国外写作教学中，借助语言支架开展议论文写作训练非常普遍，现举例如下[①]：

（1）分析立场

站在________的立场，就这个问题与________的立场的不同之处是________。

站在________的立场，其是否基于事实、观点或情感？请分析 。

（2）推断原因 / 结果

如果发生________，那么其根本原因是________。

基于________，接下来最易导致的结果是________。

在批判性思维和议论文写作训练中，我们可以借鉴国外写作教学经验，培养学生的批判性思维，即引入语言支架，把复杂的学习任务加以分解，指导学生用清晰的语言有条理地表达某条思维路径。以我执教的一堂写作指导课（话题为“我看苏轼对李渤之说的翻案”）为例，我引导学生借助语言支架完成片段写作（300 字左右）。

我（支持 / 反对）苏轼对李渤之说的翻案。因为……（陈述主要理由）虽然……（针对反对理由或例外情况），但是我认为……（有限定的讨论）。所以……（得出最终结论）。

---

① AXELROD R，COOPER C，WARRINER A. Reading Critically Writing Well：A Reader and Guide［M］.Boston：Bedford/St.Martin’s，2011.

写作过程中，学生有时会遇到已经做好充分的证据搜集和问题思考准备，但茫然于无处下笔的尴尬情况。语言支架又是一个适合帮助学生进行批判性思维培养的思维工具。我们可以化整为零，尝试聚焦某一个教学目标进行片段写作训练，给予学生创设可模仿迁移且规范化的写作范式，使其能不断缜密地推进论证分析。

三、通过开展细致周密的过程评价，吸收批判性思维的学习内容

（一）作文评价量规

作文评价量规是一个比较科学、有效的评价工具，是对学生作文水平或等级进行评定的一套标准。我参照课标中“思维发展与提升”素养要求、《上海市高中语文学科教学基本要求（试验本）》及高考作文评分标准，并结合国外考察学习的宝贵经验以及大量国内外文献资料，自主设计了一系列作文评价量规（表3、表4）。

表3　“《师说》新解”作文评价量规

训练目标	训练角度	还不错（A）	基本过关（B）	一步之遥（C）	仍需努力（D）	自我评价	同伴评价	修改方向
写作训练之概念界定	概念理解	能对“师”的内涵、外延、作用做充分且准确的分析	能用“师”的概念的内涵（或外延、作用）做准确的分析	能用“师”的概念的内涵（或外延、作用）做一定的分析，但解释有漏洞	没有对“师”的概念做任何分析			
	概念辨析	能对现实语境与《师说》历史语境中“师”的概念进行辨析，找出两者的区别与联系，并能自圆其说	能对现实语境与《师说》历史语境中“师”的概念进行辨析，找出两者的区别或联系	能与《师说》中“师”的概念建立一种联系，但分析有漏洞	没有与《师说》中“师”的概念建立任何联系			
	概念聚焦	能将概念分析与写作观点、写作意图、论证分析等充分结合，彼此呼应	能将概念分析与写作观点、写作意图、论证分析等建立一定的联系	试图将概念分析与写作观点、写作意图、论证分析等建立联系，但是不成功	没有考虑过概念分析与写作观点、写作意图、论证分析之间的呼应关系			

表 4 “取消女性停车位 & 歧视”作文评价量规

训练目标	训练角度		具体要求	自我评价（请用“√”评价）			修改方向
				做得很好	基本做到	尚待努力	
写作训练之加强议论文的说理过程	观点表达是否合理		能够在作文的开端明确且细致地表达本人观点				
	分析过程是否清晰	语言分析逻辑性	1. 能至少从两个角度分析“取消女性停车位 & 歧视”的原因				
			2. 能找出“取消女性停车位 & 歧视”的根本原因，并针对其分析“取消加价”这一解决方案的合理性				
		语言表达准确性	1. 能对材料中的核心概念“缓解”进行解释和分析				
			2. 能由浅入深地概括和分析问题的相关背景				

“《师说》新解”作文评价量规（表 3）主要适用于学生写作过程阶段。这份量规主要聚焦“学习准确识别材料中的核心概念，能够在具体语境中界定概念”的批判性思维培养目标，从概念定义的方法、核心概念与其他概念（相关 / 相近 / 相反概念）的关系、概念定义的作用等方面对学生写作中概念界定的问题进行评价。

“取消女性停车位 & 歧视”作文评价量规（表 4）主要适用于学生作后修改阶段。这份量规主要聚焦“学习反思推理的清晰性和有逻辑性”批判性思维培养目标，其主要从观点表达合理性、（因果）论证分析清晰性等角度对学生作中、作后推理问题进行评价。

我设计多种作文评价量规工具的意图是希望对学生整个写作过程进行更加科学的评价，从而帮助学生比较清晰地了解自身实际写作水平与理想训练目标的差距。更为重要的是，学生经历了一个自我反思、自我修正的过程，这对于学生形成审慎细致的批判性思维态度无疑影响巨大。

（二）综合评价机制

写作评价方式基本分为三种：教师评改、同学评价和自我评改。在以往议论文写作评价中，以教师评改（成绩 + 评语）的形式最为普遍，学生也非常看重来自老师的评价。然而叶圣陶先生曾明确指出，改与作文关系密切，评改的优先权应属于作文的本人，作文教学要着重培养学生自改的能力。[①] 一个真正成功的学习者应当具备客观理性的自我评价能力，学会在自我反思中修正完善自己，这对其终身思维发展极有裨益。基于此，我试点采用了综合评价机制（表 5）。

表 5　实施融合多项数据来源的综合评价方案

评价对象	体现个人成果	体现同伴互助	备注
来自学生	A. 写作学案得分 B. 自我评价得分	C. 组内互评得分	—
来自教师	D. 初稿批改得分 E. 二稿批改得分	—	F. 发表于班级及以上刊物可获附加分

本评价方案体现了来源和关注点的复合性。通过系数调整，教师可视实际情况对计算方案进行微调，以利于更好地体现学生在写作过程中所取得的进步。

（三）写作成长档案袋

写作成长档案袋是一种新兴的评价方式，通过收集学生写作训练过程

① 叶圣陶 . 叶圣陶语文教育论集（下册）[M] . 北京：教育科学出版社，1980.

中的作品及相关资料，反映学生达成学习目标的程度，诊断学生学习过程中的优势和不足，并及时予以补救。我尝试在班级部分学生中建立了学生写作成长档案袋，围绕每次议论文写作材料，建立独立的子文件夹，除了保留学生写作的原稿，还有意识地引导学生积累写作背景资料、写作评价表、作后反思、修改稿。为了避免出现把成长档案袋变成“一统袋”“杂物袋”等类似问题，我同步建立了微信群“写作成长交流吧”，即时地、有针对性地给予学生写作问题回馈和思维方法的指导。议论文写作是学生思维能力重要的外在表现形式，而成长档案袋作为一种过程性的评价工具，学生通过记录个体写作进步的过程，真正激发其运用批判性思维思考、解决问题的能力。

批判性思维专家董毓教授说过：“(好的)思考能力不是读来的，而是练出来的。”[①]的确，在批判性思维和议论文写作训练过程中，我们不能急于把某种定论或范式灌输给学生，而应当综合运用多种教学策略，给学生营造一个个开放、具体的学习情境，提供一些必要的思维工具和评价工具，从而切实帮助学生建立批判性思维发展的基本路径，发展良好的思维能力和品质。

① 董毓．批判性思维原理和方法：走向新的认知和实践［M］．北京：高等教育出版社，2010.

借力在线资源，优化专题复习

——以高三语文综合探究题专题复习为例[①]

语文课程是一门学习祖国语言文字运用的综合性、实践性课程。课标中明确了学科素养目标及其达成的路径：学生通过阅读与鉴赏、表达与交流、梳理与探究等语文学习活动，在语言建构与运用、思维发展与提升、审美鉴赏与创造、文化传承与理解几个方面都获得进一步的发展。上海语文综合探究题是对高中学生语文课程目标达成的一种正面引导。在数字化转型背景下，调动在线教育的丰富资源，有助于聚焦来自学生的典型问题，优化高三语文专题复习，成为达成课程目标的重要途径。

一、明确"考什么"：落实课标要求，分析关联内容

依据课标，落实《上海市高中语文学科教学基本要求（试验本）》（简称《基本要求》）和《2022年普通高等学校招生全国统一考试（上海卷）考试手册》（简称《考试手册》），高三语文综合探究题专题复习需落实的与任务群学业要求相关的内容有以下几个方面：

首先，依据课标要求，综合探究题与9个任务群存在联系。

（1）学习任务群1：整本书阅读与研讨。

（2）学习任务群4：语言积累、梳理与探究。

① 本文发表于《现代教学》2023年第7期，发表时题为《借力数字化技术资源优化高三专题复习——以高三语文综合探究题专题复习为例》。

（3）学习任务群 5：文学阅读与写作。

（4）学习任务群 6：思辨性阅读与表达。

（5）学习任务群 7：实用性阅读与交流。

（6）学习任务群 8：中华传统文化经典研习。

（7）学习任务群 10：中国现当代作家作品研习。

（8）学习任务群 11：外国作家作品研习。

（9）学习任务群 12：科学与文化论著研习。

其中尤以与“文学阅读与写作”“思辨性阅读与表达”和“中华传统文化经典研习”的关联最为密切。

其次，对标测量目标，综合探究题适合于高考“积累应用”中的选择题（两题）和“阅读”中的所有类型中的部分命题，包括现代文阅读、诗歌阅读和文言文阅读。

最后，比对《基本要求》初稿与定稿的试验本，有两处任务群“内容要求”表述发生细微变化：

（1）阅读史传、史论作品，揣摩作者的立场、态度、观点，探究史家意图，分析其独特的表达方式。

——比较初稿：由“欣赏”改为“分析”。欣赏即“赏析”，此处任务要求难度降低。

（2）探究中国现当代文学作家作品，以多种方式组元、整合，研习作家作品在主题、形式、风格上的异同，深刻认识百年中国现当代文学是时代镜像的折射。

——比较初稿：无此句。此处任务要求更加聚焦。

依据课标，明确综合探究题与需落实任务群学业要求之间的关联，教师可以有的放矢地开展综合探究题的专题备考。

二、明确“如何考”：回溯任务学习，厘清呈现方式

（一）依据课标，对综合探究学业质量进行描述

在理解语言时，能准确、清楚地分析和阐明观点与材料之间的关系，能就文本的内容或形式进行质疑，展开联想，并能找出相关证据材料支持自己的观点，反驳或补充解释文本的观点。能比较、概括多个文本的信息，发现其内容、观点、情感、材料组织与使用等方面的异同，尝试提出需要深入探究的问题。能用文本中提供的事实、观点、程序、策略和方法解决学习和生活实际中遇到的具体问题。在表达时，讲究逻辑，注重情感，能综合运用多种表达方式，从多个角度、多个方面表达自己的理解和感受，力求做到观点明确，内容丰富，思路清晰，感情真实，表达准确、生动。

（二）依据课标，《考试手册》对综合探究考试的说明

1. 比较、整合多个文本的信息，用文本中提供的概念、观点、材料、方法探究问题，形成自己的见解。

2. 从主题、表现形式、作品风格等方面比较作品的异同。

3. 联系相关材料，探究作品内涵，形成自己的见解。

4. 结合作品，对其进行评论并阐释自己的看法。

（三）回溯单元任务学习，对综合探究考查的形式

综合探究考查形式有多任务群、多情境、多文本、多读写、多能力。

1. 多任务群

（1）学习任务群 1：整本书阅读与研讨。

（2）学习任务群 4：语言积累、梳理与探究。

（3）学习任务群 5：文学阅读与写作。

（4）学习任务群 6：思辨性阅读与表达。

（5）学习任务群 7：实用性阅读与交流。

（6）学习任务群 8：中华传统文化经典研习。

（7）学习任务群 10：中国现当代作家作品研习。

（8）学习任务群 11：外国作家作品研习。

（9）学习任务群 12：科学与文化论著研习。

2. 多情境[①]

（1）个人体验情境。

（2）社会生活情境。

（3）学科认知情境。

3. 多文本

（1）同一主题，不同文体文本组合。

（2）同一主题，不同时期不同国度文本组合。

（3）同一主题，不同表达方式文本组合。

（4）同一文本，内部不同部分组合。

（5）整本书阅读与其他文本组合。

（6）考试文本与题干资料组合。

提示：（5）（6）两条教材无，试卷有。

4. 多读写

（1）阅读内容：概念、观点、材料、方法、主题、表现形式、作品风格等。

（2）写作内容：文学赏析、文学评析等。

（3）写作形式：推介语或推荐语、短信回复、发言稿、变换身份表达、颁奖词、解说词等。

5. 多能力

综合探究体现了课程内容中学习任务群之间的联系，考查在真实、富

① 王本华. 任务·活动·情境：统编高中语文教材设计的三个支点［J］. 语文建设，2019（21）：25–29.

有意义的语文实践活动情境中，通过综合多文本、综合读写，解决实际问题的能力，包括整合、比较、探究、表达等能力。

三、明确“如何教”：整合在线资源，寻求解题策略①

综合探究题是高三专题复习的重点，因其综合灵活的特征，也成为学生备考难点。在数字化转型背景下，教师可以综合调动丰富的在线教育资源，优化高三语文专题复习，其重要作用就是帮助学生寻求解题策略，校准解题思路。

（一）分析典型问题

在线资源总体包括两大类：课程内容资源和线上技术资源。前者以上海“空中课堂”为代表，后者包括支持教与学的硬件设备和软件程序。在综合探究题专题复习时，线上技术资源承担起了学生典型问题的统计分析功能。例如采用 AMEQP 全通教学质量监测平台，教师可以借助大数据，精准统计学生综合探究题的答题情况，定量分析高频错误点、平均水平，分类汇总各类学生答题情况的正态分布。通过平台统计分析，我对某校高三学生综合探究题的典型问题梳理如下：

其一，对复杂题目全面审题、精准拆解能力较弱。有些学生无法完整且准确地解读出题干或隐或显的综合要求，因而无法理出具体可操作的答题路径，组织答案容易出现思维不严密的问题。

其二，与题目相关的学科知识的联系能力较弱。有些学生对相关知识及其概念的理解或遗忘或误读，更无法结合材料做到具体贴切地分析。

其三，对文本重要信息的概括能力较弱。概括能力既是任何一道综合探究题审题的起点，也是学生解题作答的盲点。

① 上海市初中语文高质量校本作业体系设计与实施指南编制团队．上海市初中语文高质量校本作业体系设计与实施指南（试行）[J]．上海课程教学研究，2022（2）：47-55.

其四，对多文本相同角度的比较能力较弱。有些学生找不准比较点，例如作品的创作手法、人物写法、诗词表现手法、作品的主旨意蕴和态度倾向等，无法进一步基于同一比较点做精准的比较分析。

相较过去教师的经验判断，通过调动在线资源，教师对学生答题情况的评价质量大大提升，这为教师精准分析来自学生的典型问题，有的放矢地校准学生的解题思路，提供了莫大的帮助。

（二）追溯错误原因

学生在综合探究题解题过程中出现的问题，可能是由多种原因造成的：从“双新”背景下的考试要求看，综合探究题指向多任务群、多情境、多文本、多读写、多能力的综合考查；从语文试卷命题结构安排看，综合探究题往往被安排在试卷阅读部分每个大题的最后一题，并且题目分值不断增加，目前为 5~6 分；从学生过往的学习经验看，学生在真实、富有意义的语文实践活动情境中，解决实际问题的意识、能力普遍不强；从学生当下的思维发展水平看，部分学生直觉思维、形象思维水平较高，而逻辑思维、辩证思维等高阶思维水平一般。以 2022 年上海市闵行区第一次模拟考试的一道题为例：

那个年三十

安石榴

（原文略）

10. 本文和下面材料在刻画人物群像时有共同特点，请对此加以探究。

（贾母）吩咐道：“咱们也把烟火放了解解酒。”贾蓉听了，忙出去带着小厮们就在院子内安下屏架，将烟火设吊齐备。……黛玉禀气柔弱，不禁毕驳之声，贾母便搂他在怀内。薛姨妈便搂湘云。湘云笑道：“我不怕。”宝钗等笑道：“他专爱自己放大炮仗，还怕这个呢。”王夫人便将宝玉搂入怀内。凤姐儿笑道：“我们是没人疼的了。”尤氏笑道：“有我呢，我搂着你。

也不怕臊，你这会子又撒娇了，听见放炮仗，吃了蜜蜂儿屎的，今儿又轻狂起来。”凤姐儿笑道：“等散了，咱们园子里放去。我比小厮们还放的好呢。”

（节选自《红楼梦》第五十四回）

这道综合探究题，学生实际解题正确率不足五成。在讲评此题时，教师可以选择使用具有互动反馈功能的在线教育技术作为课堂教学的支持，真实呈现学生的典型问题（例如呈现学生各类得分的典型答案作为示例）。动态交互中，学生对问题的现场讨论实时反馈解题的评价倾向，教师可以追根溯源，更好地帮助学生反思解题思路发生偏差的背后真正原因。经过课堂互动讨论，学生发现此类题目解题思路发生偏差，有的源于知识能力的不足，有的源于思维能力的欠缺，有的源于学习习惯的不良，还有的源于考场心理的不稳定。

（三）辨析思考路径

围绕综合探究题专题复习，在厘清学生典型问题及其成因的基础上，辨析思考路径成为帮助学生校准解题思路的重要途径。

以 2022 年上海市闵行区第一次模拟考试同题为例，师生在线互动后，学习内容梳理如下：

【明确审题要求】

（1）多任务群：文学阅读与写作、整本书阅读与研讨。

（2）多情境：学科认知情境（学科知识、学习方法）。

（3）多文本：文学性作品——微型小说；长篇小说——《红楼梦》。

（4）多读写：读——文本（情节、人物、主题等）、题目（情节、人物、主题等）；写——对人物群像的文学鉴赏。

（5）多能力：比较、概括、分析、鉴赏能力。

【明确答题思路】

（1）明确比较点：分析人物群像塑造的共同特点。

（限定：特定场景中的人物群像。目的：求同，即分析两个文本在群像塑造上的共同特点，基于对群像塑造的手法及其作用的分析）

（2）分别概括两个文本的群像人物的活动背景（环境：特定场景）。

（3）分析人物形象个性特征（个性鲜明 + 方法多样）。

（4）分析群像人物整体特征（亲疏关系 + 衬托手法）。

（5）鉴赏共同表达效果。

【明确评分说明】

（1）角度准确得 3 分，内容分析得 3 分，表达效果得 1 分。

（2）内容分析需要和角度相呼应。

【补充完善答案】

本文和材料都选定了一个特定的场景来刻画人物群像。

本文写了一个家庭年三十在家准备过年的热闹场景，材料写了贾府元宵节夜宴的场景。

本文和材料都运用了语言、动作、神态描写来表现人物及人物关系。如本文中的“你管不管他”“你到底打不打他”生动凝练地刻画出直率（强势、泼辣）的二姐形象；材料中“湘云笑道：‘我不怕。’”则写出了她的豪爽胆大。

同时，两个文本均以人物间的互动（衬托），表现出彼此亲疏远近的关系。如偷偷给儿子塞肉吃的妈妈、把宝玉搂在怀里的王夫人，都表现出人物对孩子的偏宠。

总之，本文和材料中群像塑造的写法有利于表现个性鲜明的人物形象和丰富多彩的家庭生活。

在实际专题复习中，教师可以选择使用具有共享编辑功能的在线教育技术作为课堂教学的支持，借助共享文档多人编辑加强教与学过程的可视化。如在习题讲评环节，教师可以运用多种颜色醒目地标注题目，指导审题；习题讨论环节，学生可以借助互动批注，碰撞想法；习题总结环节，教师可以引导学生辨析思考路径，拓展迁移。

（四）给予方法指导

在综合探究题专题复习时，给予学生方法指导是教师帮助学生由做一道题走向做一类题的关键。在专题复习指导过程中，教师可以充分依托上海“空中课堂”在线教育资源。

以 2022 年上海市闵行区第一次模拟考试同题为例，上海“空中课堂”提供了围绕《红楼梦》整本书阅读与研讨梳理的高三语文专题复习课。在课堂复习中，可以指导学生关注综合探究题与整本书阅读勾连的命题方向和解题路径。

题型 1：着眼于情节发展脉络的题型

题型 2：着眼于主要人物形象分析的题型

题型 2-1：将人物放在矛盾冲突及情节发展中考查

题型 2-2：将人物放在比衬中考查

题型 2-3：将人物放在差序格局的场景中考查

结合此题，比较探究《那个年三十》和《红楼梦》节选材料在刻画人物群像时有何共同特点，可以借助“空中课堂”线上资源，把此题归类到着眼于主要人物形象分析的一般题型，尤其关注将人物放在对比中考查，由特殊到普遍，建立这类题型解题思考方法的归纳总结。

在具体教学过程中，教师可以选择使用具有推送功能的在线教育技术作为课堂教学的支持，在线向学生发送各类课程内容资源：在专题复习前，可提前发送综合探究题专题复习的课前学案、知识卡片梳理等，引导学生做好课前预习；在专题复习中，可随堂发送专题复习的学习支架，包括空中课堂视频（建议切片处理）、专题课件、思维工具等，引导学生做好课堂学习，包括课堂学习热身、补充完善思考、体验策略路径等；在专题复习后，可课后发送作业要求、专题训练、补充阅读等，引导学生做好巩固迁移。

通过在专题复习课的不同阶段灵活引入各类在线资源，可以有效指导学生将复杂的问题清晰化，将隐形的思维显性化，将零碎的知识结构化。教师不再简单授之以鱼，而更注重授之以渔，以此更好地帮助学生举一反三，寻求解题策略，校准解题思路，以促进学生语文学科核心素养的提升。

辑二

深度学习视域下的教学设计

以诗为媒，走近伟大领袖的青春情怀

——以必修上册《沁园春·长沙》诗歌教学为例

一、教学目标的设定

《沁园春·长沙》是毛泽东很有代表性的一首诗歌作品，是高中语文教材的传统篇目。无论是过去全国各地使用过的不同教材，还是如今全国推行的统编版教材，几乎都将《沁园春·长沙》作为高一语文教材第一单元的首篇课文，可见其分量之重、意义之大。

《沁园春·长沙》一诗的教学案例众多，我在梳理后发现，教学目标和教学重难点大多集中在以下几个方面：

1. 领悟诗人以天下为己任的胸怀，体会其字里行间流露的豪情壮志。

2. 理解作品情景交融的表现手法，感受诗人凝练豪放的语言风格。

一直以来，情景关系的鉴赏是高中诗歌学习的重点内容。对《沁园春·长沙》有关情景关系的分析，可以从三方面进行思考：首先，“独”与“百侣”相呼应，表现了作者形独而心不独，处“寒秋”而无冷意。其次，领字“看”和“恰”。上阕一个“看”字总领七句，描绘了诗人独立橘子洲头所见到的湘江秋景图；而下阕一个“恰”字总领七句，概括了青年革命者意气风发的战斗风貌和豪迈气概。最后，下阕回答上阕的提问。下阕起句就解答了上阕末句提出的问题：“问苍茫大地，谁主沉浮？”上阕描绘的绚烂多姿、生机勃勃的湘江秋景图与下阕作者积极向上、昂扬奋进的豪迈之情和博大胸怀相契合。

以上教学目标和重难点更多放在教学生学习读懂诗歌的一些基本方法上，这当然是非常有价值的。然而依据课标，学生进入高中阶段，不仅要关注“语言建构与运用”，而且应重视“思维发展与提升”的语文学科核心素养，应当“注重实证与推理，强调批判与发现；注重思维的逻辑层次与深刻度，强调理性思维与思维品质”。基于此，我对《沁园春·长沙》一文设定了如下教学目标：

1. 从诗歌意象的特征入手，分析意象及意象的组合在表情达意上的作用，理解毛泽东昂扬向上的青春激情和雄视天下的凌云壮志。

2. 运用知人论世的方法，分析作品所呈现的内容、情感与时代精神之间的关系，体会伟大领袖将个人小我融入社会大我的青春情怀。

二、教学设计

（一）导入新课，任务驱动

驱动任务：在新中国七十周年诞辰的现实背景下，刚刚步入高中的十六七岁花季少年的你们，如何以诗为媒介，与意气风发的青年毛泽东来一次跨越时空的遇见？

1. 在专题阅读毛泽东传记和诗歌的基础上，精读毛泽东《沁园春·长沙》，写一篇札记。

2. 阅读某同学的《沁园春·长沙》诗歌札记，思考：作为当代学生，我们为何能对毛泽东的诗歌产生情感共鸣？

（二）围绕意象，思辨讨论

思考：《沁园春·长沙》这首词的上阕由“看”字统领一组意象（“山”“林”“江”“舸”“鹰”“鱼”等意象），我们如何通过意象理解诗人“万类霜天竞自由”的画面及其背后的情感？

（三）知人论世，贴近情感

思考：正如某同学在札记中所说，“激昂的诗句让我领略到诗人的革命情怀”，朗读课文，结合写作背景，你能真正领略诗人的情感吗？请谈谈你的理解。

（四）提炼概括，课堂小结

思考：作为当代学生，我们为何能对毛泽东的诗歌产生情感共鸣？

（五）课后作业，思辨共情

1. 补充完善诗歌札记。

2. 围绕情境写作诗歌。

再过几周将迎来新中国七十华诞，请结合第一单元诗歌学习，联系生活，自由想象，写一首诗歌。围绕主题“用诗意点燃青春”，书写我们的青春岁月，表达我们对青春的思考，用最具诗意的青春之歌为新中国献上一份贺礼。

要求：

（1）个人层面——借鉴本单元诗歌在意象选择、语言锤炼等方面的手法，使诗作多一些“诗味”。

（2）班级层面——组织一次班级诗歌创作交流会，分享诗歌写作的感悟与思考，并汇总班级同学的诗作，全班编辑一本诗集作为青春的纪念。

三、过程扫描及教学反思

（一）教学扫描一：导入新课，任务驱动

师：上课之前，老师仔细阅读了同学们写的诗歌札记，大家都写得很认真。下面老师想分享一份札记，应该是某位同学的用心之作，同时代表了班级不少同学的共同心声。

典型学生札记

作者在上阕中主要运用了“山”“林”“江”“舸”“鹰”“鱼”等意象，先通过对“山”“林”的描写，写出了辽阔的空间；又通过对“百舸争流”“鹰击长空”“鱼翔浅底”的描绘，写出了湘江秋天的生机勃勃，从而创设出“万类霜天竞自由”的画面。

下阕由写景转抒情，作者回想当年读书时与同学一同游览湘江的经历。激昂的诗句让我领略到诗人的革命情怀，激发了我对祖国的热爱，以及实现祖国伟大富强的理想。

师：请同学们简单点评一下这篇札记。

生 1：我觉得这篇札记对诗歌中的意象抓得比较准，而且也蛮全面的，写得蛮好的。

生 2：我觉得这位同学找到了毛泽东笔下湘江秋景图的总体特征，就是“万类霜天竞自由”，但是札记好像没有分析出来这些意象是如何形成这一画面特征的。

师：说得不错，对大家有启发吗？

生 3：我觉得这篇札记对上阕描写的景物和下阕抒发的情感交代得很清楚，但是这两者究竟有什么联系，好像没有写明白，这也是我写札记困惑的地方。

师：的确，这位同学的诗歌反映了我们对诗歌分析的共性问题，那就是文本分析的标签化。今天我们的这堂课就从这里开始，聚焦问题——我们如何通过分析意象理解诗歌情感？

从学生的写作札记入手导入课堂教学，是为了让学生了解本堂课的学习目的在于切实解决他们读诗过程中的问题：学生能初步感知诗歌中的意象、画面，基本准确地表达自我体验和理解作者情感，但是较少能浸润在文本语境的字里行间，围绕意象及其效果细致分析。作为整册教材的起始单元，本导入设计意图帮助学生建立单元学习的问题意识，围绕诗歌学习的单元学习任务（写作诗歌札记），聚焦诗歌意象的分析，为学生与革命领袖毛泽东建立“共情”，寻找一个重要突破口。

（二）教学扫描二：围绕意象，思辨讨论

师：（示范一份比较好的学生札记）请大家思考——我们如何通过意象理解“万类霜天竞自由”的画面及其诗人的情感？

生 1：作者选取了“山”“林”“江”“舸”“鹰”“鱼”等景物加以组接，以“万山”“层林”形容山峦、树木之多，以“漫江”形容江水之盛，以“百舸”形容船只数量之密，由远及近，自上而下，全方位地描绘出湘江秋色的扩大场景。同时，作者用描写赋予这些景物以生气。“遍”“尽”“透”这几个表示程度的修饰词，写出色彩的丰富与极致；“争”字表现众多船只竞发的热闹场面，“击”和“翔”字分别形容雄鹰和游鱼矫健有力、轻快自由的姿态。这些富有生命力的意象组合在一起，凸显出寒秋严霜下万物活力旺盛的蓬勃景象。

生 2：我觉得前一个同学的分析很精彩，让我特别有画面感，脑海中不自觉地浮现出一幅场景宏阔、生机勃勃的湘江秋景图。其实我也曾经和父母一起去湖南旅游过，看到过真实的湘江，感觉也就一般般啦（同学大笑）。我在想，毛泽东笔下的湘江如此精彩，恐怕与诗人有关，那是毛泽东眼中的湘江，更是他心里的湘江。联系诗词上阕最后一句“问苍茫大地，谁主沉浮”和下阕的自我回答，我感受到毛泽东正是想要通过对诗歌画面的描绘，表达他作为青年革命者昂扬向上的青春激情、雄视天下的凌云壮志（同学掌声）。

本环节引导学生通过精读《沁园春·长沙》上阕的意象群，在文本语言的细致推敲中，准确分析意象群的作用，进而整体把握湘江秋景图“万类霜天竞自由”的画面特征，学生对于画面背后的诗人理想情怀的理解水到渠成。

（三）教学扫描三：知人论世，贴近情感

师：正如某同学在前面札记中所说，“激昂的诗句让我领略到诗人的革命情怀”，朗读课文，结合写作背景，你能真正领略诗人的情感吗？请谈谈你的理解。

生1：我在课外查到一些资料，经过梳理，我做了一份毛泽东早年经历的大事年表。

毛泽东早年经历

1911年，18岁的毛泽东来到长沙，开始了他在此地13年之久的求学和革命斗争生活。

1914—1918年，在湖南第一师范学校读书，常和同学在橘子洲一带游览、游泳。

1918年4月，与何叔衡等人创立了以改造中国和世界为奋斗目标的新民学会。

五四运动时期，主编《湘江评论》，发表了一系列重要的论文，引起了全国进步思想界的重视。

1919年底，组织和领导湖南驱逐军阀张敬尧的运动。

通过阅读资料，我发现毛泽东早年曾在橘子洲头读书，所以时隔多年故地重游，看到眼前壮丽的景象，使得他回想起曾经与同学们一起激扬文字的经历。

师：非常不错，老师想追问——你能揣摩毛泽东当时的境遇和情绪如何吗？

生1：1925年2月，毛泽东从上海回韶山，大力组织、发动农民运动，后为军阀赵恒惕所知，赵恒惕派兵抓捕他。在韶山人民的掩护下，毛泽东于同年8月秘密离开韶山，到达长沙，并独自重游橘子洲。我从这首诗歌中读出了他的情感澎湃、思绪万千。

师：谢谢你给大家进一步还原了这首诗歌的历史背景。我还想问问其他

同学，在这样的历史背景下，你有没有对诗人的情感读出自己的想法呢？

生 2：老师，我也去查阅了一下资料，了解到毛泽东当时处在双重的逆境下。一方面，当时党内当权派主张向苏联学习，主张城市工人运动，而并不看好毛泽东倡导的农民运动；另一方面，以赵恒惕为首的军阀对毛泽东进行疯狂绞杀。然而他即使身处这些逆境，也能看到当时中国问题的本质，没有忘记自己的初心，可见他的胸襟和气魄之大。

师：说得太好了。的确，面对同样的湘江，每个人体验都是不同的。如此宏大的气象也许只有如毛泽东这样的杰出人物才能体验、表达出来。我们通过历史背景还原，有幸走近毛泽东的情感思想，一同感受毛泽东的大眼界、大气魄和大胸襟。

本环节设计意图通过知人论世的手法，还原特定的历史背景，引导学生真正走进毛泽东的内心世界，理解其虽身处人生逆境，仍不失昂扬的革命热情。从毛泽东笔下绚烂多姿、壮丽生机的湘江秋景图中感受诗人的大眼界、大气魄、大胸襟，理解诗人情感与时代精神之间的关系，感受诗人对青春价值认识的博大情怀。

《沁园春·长沙》作为统编版高中语文教材必修上册的首篇课文，既是教师践行课标开展语文教学的开端，也是学生开展高中语文学习的起点。这种师生教与学的双重新鲜感，无疑可以激发教师在教学探索之路上的无穷热情。我在设计本次教学过程中，预设了这样一个语文学习情境：在新中国七十周年诞辰的现实背景下，刚刚步入高中的十六七岁的中学生，以诗为媒介，与意气风发的青年毛泽东来一次跨越时空的相遇。学生通过读诗写诗，真正走近伟大领袖的青春情怀。结合这一情境，我设计了本课的核心问题：作为当代学生，我们为何能对毛泽东的诗歌产生情感共鸣？学生从诗歌意象的特征入手，分析意象及意象的组合在表情达意上的作用，理解毛泽东昂扬向上的青春激情和雄视天下的凌云壮志；同时运用知人论世的方法，分析作品所呈现的内容、情感与时代精神之间的关系，体会伟大领袖将个人小我融入社会大我的青春情怀。在 18 个学习任务群中,《沁园春·长沙》所在的第一单元属于“文学阅读与写作”,表面上看其与“思辨性阅读与表达”指向的内容不同,但实际上两者存在着密切联系。依据课标,在“文学阅读与写作”的过程中不仅应当关注“语言建构与运用”,而且应当着重关注“思维发展与提升”语文学科核心素养的培养,具体包括以下方面:

1. 把握作者的观点和情感,关注作者思考问题的角度,学习其有针对性地表达观点或抒发情感的方法。

2. 围绕感兴趣的话题开展讨论,借助充足的证据并从合适的角度,有条理地阐述自己的观点,或有针对性地进行辩驳。

3. 在自主学习与合作学习的过程中,觉察自身观点的发展与变化,提高合作与探究的能力。

以上内容在本次《沁园春·长沙》教学实践中均得到了充分的体现。特级教师余党绪认为:它(思辨性阅读)的目的是获取真知,或者解决问题,个人的好恶与体验都要退居其次,而阅读的准确性、明晰性与合理性,就成了判断阅读效果的首要标准。结论的对错,效果的好坏,效率的高低,都有一个客观的、公共的判断标准。① 可以说“思辨性阅读与表达”不仅服务于某个单元教学内容,更贯穿于高中语文统编版教材学习的整个过程中,激发学生成为一名具有良好思维品质的学习者。

四、教学资源链接

1. 毛泽东口述,埃德加·斯诺笔录:《毛泽东自传》(中国青年出版社,2014 年版)。

2. 袁行霈:《中国古典诗歌的意象》,出自《中国诗歌艺术研究》(北京大学出版社,2009 年版)。

① 余党绪. 思辨性阅读:走向真知的必由之路[J]. 语文教学通讯,2018(25):20-23.

构建思考的课堂文化

——以选择性必修上册“在论证中引入‘虚拟论敌’”逻辑教学为例

一、写作背景

传统的教学观把学习视为现成知识复制与延续的过程，学习的重点是获取知识与技能，教师的主要作用是知识的灌输。现代的建构主义教学观不仅重视学生的知识、技能的发展，也重视高阶智能和创造力的发展。受此影响，教师的指导作用集中体现在为学生提供“有意义学习经验”[①]，使得学生学会学习、思考与创造。基于此，在教材研究与课堂提问的同时，教师应当致力于“思考的课堂文化”的构建，从而帮助学生走向“深度学习”。

二、问题提出

统编版教材选择性必修上册第四单元主题为“逻辑的力量”，单元聚焦“语言积累、梳理与探究”学习任务群，包括三项学习活动：一是发现潜藏的逻辑谬误，二是运用有效的推理形式，三是采用合理的论证方法。本次教学围绕第三项学习活动中的“在论证中引入‘虚拟论敌’”开展。

① 钟启泉．深度学习［M］．上海：华东师范大学出版社，2021.

逻辑专题既是新版教材的亮点，也是学生语文学习的难点。在本次课例实践中，我思考的问题是教师如何构建思考的课堂文化，帮助学生对逻辑知识展开深度学习。

三、教学设计

亦敌亦友促思辨

——在论证中引入“虚拟论敌”

（一）课堂学习导入

1. 逻辑单元知识重温。

2. 主问题提出：如何在论证中引入“虚拟论敌”？

（二）课堂学习任务一：列举“虚拟论敌”典型例子，理解其作用及使用策略

提问语 1：假如我是这位同学，我该如何完善这则写作提纲呢？

论证提纲（初稿）

论点：兼听则明

例子：齐王纳谏

（摘自教材，有删改）

想一想：如何通过引入“虚拟论敌”，来完善这则提纲？

（三）课堂学习任务二：聚焦写作中的真实问题，迁移运用“虚拟论敌”工具

提问语 2：假如我是这位同学，我该如何完善这则写作提纲呢？

作文题目

在《论语》中记载了一则关于“大义灭亲”和“亲亲相隐”的对话：

叶公语孔子曰：“吾党有直躬者，其父攘羊，而子证之。”

孔子曰："吾党之直者异于是：父为子隐，子为父隐，直在其中矣。"

在叶公和孔子这两种针锋相对的观念中，你认为哪一种更有道理？请阐明你的理由。就此写一篇不少于800字的文章。

（四）课堂学习小结

1. 学生进行课堂小结（内容、学法）。

2. 学生提出课堂困惑。

3. 教师拓展介绍"图尔敏论证模型"。

（五）课后学习任务

1. 拓展迁移：以《六国论》为例，使用"图尔敏论证模型"分析苏洵的论证是否严密。

2. 以读促写：近期完成"大义灭亲"和"亲亲相隐"为对话的写作训练。

【附】课前学习任务单

在论证中引入"虚拟论敌"

1. 学习目标

通过合作互助的小组活动，学习在论证中引入"虚拟论敌"，使论证严密，更有说服力。

2. 学习任务

（1）预告学习主问题：如何在论证中引入"虚拟论敌"？

（2）预习课本第四单元"逻辑的力量"，重点阅读"采用合理的论证方法"和"虚拟论敌"知识卡片。

"虚拟论敌"知识卡片

在证明某个观点时，可以想象存在一个驳论者，不妨称其为"虚拟论敌"。通过提出各种反对观点或者对自己不利的论据，从而让你的观点更经得起推敲。

虚假论敌的创设实际上是让自己成为自己思想的批评家。我们之所以创造出“虚拟论敌”，不是为了否定自己，而是为了自我提高。在这个过程中，我们可以审视自己的思维结构，观察语言的言外之意，认识到逻辑存在的偏差之处和优势所在，纠正不良的思维习惯，从而在自我突破中感受思维锻炼所带来的乐趣。

（3）预热作文训练：阅读作文题目，完成作文提纲。

作文提纲
我的论点：________________
概念理解：________________ ________________
理由分析：1. ________________ 2. ________________ 3. ________________
举个正例：________________ ________________

【附】课堂合作学习记录表

课堂记录内容（当堂使用）
我的论点：我认为“亲亲相隐”是合理的。
1. 我的理由：
2.“虚拟论敌”：
3. 攻击理由：
4. 防御策略：

四、教学反思

何谓“思考的课堂文化”？其不是基于唯一的标准答案，而是注重相互切磋，分享各自的见解与思维方式的课堂。[①] 其中，加强高质量的对话指导与反思指导是构建思考的课堂文化的重要内容。学生进入高中，学一点逻辑知识是非常有必要的，不仅有助于阅读理解，而且会对写作表达产生潜移默化的影响。本次课例是一次将逻辑专题学习与议论文写作相整合的探索，它既是一堂有关“虚拟论敌”逻辑知识的新授课，又是一堂作前指导课。在本次课例实践中，我将学习目标设定为“通过合作互助的小组活动，学习在论证中引入‘虚拟论敌’，使论证严密，更有说服力”。对于这个有挑战性的选题，我重点围绕高质量的对话指导与反思指导展开实践，努力构建思考的课堂，以促进学生提升深度学习的精度与频度，具体反思如下：

（一）明确对话目标，制定对话规则

在课堂学习前，我引导学生做好两项课前准备。第一，明确本课学习目标，即课堂的对话目标。高质量的课堂对话不是漫无目的的闲谈，而是有的放矢的碰撞。要把课堂对话引向深度，教师首先需要清晰设定共同学习的对话目标。实践证明把对话目标前置于课前预习（例如本次放在“学习任务单”中）和课堂初始阶段是很有必要且有效果的。第二，明确或重申课堂的对话规则。我设立的对话规则具体如下。

1. 要求——聚焦目标，阅读案例，小组讨论交流。

2. 分工——组长：组织所有组员参与讨论，记录、整理交流内容，代表小组班级发言。组员：① 畅所欲言；② 不否定，不加修辞；③ 容许沉默，专心听取；④ 彼此切磋；⑤ 不是凭知识，而是凭经验发言；⑥ 允许见

① 钟启泉 . 深度学习［M］. 上海：华东师范大学出版社，2021.

解发生变更；⑦宽容不理解[①]。

之所以设立以上规则，是为了保障班级每位学生拥有自主思考并同他人展开对话的机会。反思过去，我的课堂讨论往往成了部分优秀、自信的学生的现场展示，那些沉默不语的学生之所以不说，是因为害怕当众出错。如果长期如此，容易形成思维惰性的“失语者”。古人云：“不愤不启，不悱不发。”我引入课堂对话规则，就是希望改变现状，为每个学生创设一个“不耻下问”的学习环境，让课堂回归到“可以出错的场所”，没有遮掩错误的真实课堂才是学生深度学习的真正起点。

（二）做好座位布局，引入有效追问

在课堂学习前，作为教师我也做好两项准备。一方面，做好教室中课桌椅布局的明确安排。课堂座位布局有很多类型，例如秧田式、环形式、会议式、马蹄式，每种布局各有长短，在此不做赘述。在本次教学实践中，我选择的是环形式，主要为了方便学生面对面的小组对话。在小组对话的过程中，我特别强调组长不能囫囵吞枣，而要学会倾听，边听边问，把组内成员的不懂之处、含糊之处、不具体之处、不能表达之处，在课堂上展露出来。我认为在课堂对话中，组长聚精会神地倾听、体悟组员说话的意图和组员无拘无束地充分表达同样重要，需要教师长期、耐心地培养和训练。另一方面，做好巡视小组活动有效追问的一些准备。尽管学生对话的具体内容很难预设，然而教师可以对引导学生加深理解的“追问”做好准备。例如一位学生列出如下作文提纲：

① 小林和熊．深度学习的诱惑［M］．京都：晃洋书房，2019.

作文提纲

我的论点：“大义灭亲”与“亲亲相隐”中，“亲亲相隐”更有道理。

概念理解：“大义灭亲”：为维护正义或人民的利益，对违法犯罪的亲人也不徇私情，使之受到应有的惩处。亲亲相隐：夫妻、父母、子女以及特定亲属之间相互隐瞒罪行。

理由分析：1.“亲亲相隐”符合人性的本能。

2.“亲亲相隐”可以帮助维持和谐的家庭关系。

3.“亲亲相隐”可以使社会制度建立于良知之上，实现教化。

举个正例：《孟子·尽心上》篇：窃负而逃。

《理想国》：“不随和亲友行不法之事，还要受亲友的憎恨；至于不公正者，其情形则恰与此相反。”

针对这位学生的“理由分析”，我进行了几次追问。

针对理由 1 的追问：在孔子身处的时代，如果“亲亲相隐”成立，那么其背后的伦理思想是什么？孔子与叶公信奉的“正直”有何不同？哪个更适合那个时代？

针对理由 2 的追问：如果“子为父隐”真的可以维持和谐的家庭关系，那么这家人如何面对周边邻里的指指点点？有可替代方案举证其父罪行吗？

针对理由 3 的追问：你怎么看北宋包拯大义灭亲而受到百姓拥戴？包拯难道没有良知，没有实现教化吗？

对于学生三个理由的“追问”实际从论证三要素，即论点、论据、论证展开，进而自然形成了在论证中引入“虚拟论敌”的三方面思考：

针对理由 1 的追问为了反驳“虚拟论敌”——理由分析需补充隐含前提，例如时代背景。

针对理由 2 的追问为了反驳“虚拟论敌”——理由分析需补充建构解

决问题的其他策略。

针对理由 3 的追问为了反驳“虚拟论敌”——理由分析需补充隐含前提，例如身份立场。

实践证明，用心的座位布局和有效的追问对提升学生之间的对话质量有很大的帮助。

（三）重复教学流程，创造反思条件

在课堂教学时，是否需要重复教学流程呢？实践过后，我的回答是“非常必要”。教学实践中，我在一个环节遇到瓶颈：学生从学习任务一进入任务二的迁移运用的表现不佳，具体来说学生能够从教师示范的典型例子中，总结出引入“虚拟论敌”的有效策略，但是无法迁移运用策略到新的情境中，分析写作中的真实问题。经过专业团队的教学观察与指点，我在两个学习任务之间增补了一个重要环节——“小试牛刀”环节，具体设计如下：

1. 明确学习要求。

小组合作，当场完善成语“滴水穿石”的论证提纲（简单判断）。

2. 形成学习支架。

① 我的论点——水滴石穿；②“虚拟论敌”；③ 攻击理由；④ 防御策略。

经过多次实践，我发现学生经历了老师示范—获得策略—学生实践—形成策略—迁移运用反复的教学流程后，就有可能收获学习“新”得；进一步发现，构建“思考的课堂文化”不单指向这一节课的设计，更指向整个单元跨学科的设计。要让“知识能够保存在长期记忆之中，能够灵活地在未知的情境中运用，师生双方能够体悟到学习的愉悦”[①]，重复教学流程，为学生“深度学习”创造了极为重要的反思条件。

① 钟启泉．深度学习［M］．上海：华东师范大学出版社，2021.

（四）反思学习过程，链接新的学程

本次课例实践中，我请学生进行“反思”，不仅在课堂尾声，而且在课堂学习的过程中。例如课堂学习任务一结束后，我会询问学生：“能否对引入‘虚拟论敌’的具体策略做个小结？”又如整堂课结束前，我会询问学生：“能否对今天课堂学习内容做个小结？”“同样，你能分享一下今天在学习方法上的收获吗？”“还有不明白的问题吗？”在学习的整个过程中，让学生经历“反思”，是因为我希望学生能够对自己学习逻辑知识的认知起点和思维方式有个回顾；我也希望学生能够在与小组同伴的“对话”后，在与学习任务材料的“对话”后，甚至在与自我的“对话”后对自己逻辑学习的变化有个总结。本堂课后，学生反馈得最多的问题是：学习“在论证中引入‘虚拟论敌’”对于议论文写作有何帮助？阅读单元学习任务，我们不难发现“学写驳论文”是逻辑单元的重要写作任务。因此，在课堂尾声，我拓展介绍了“图尔敏论证模型”（图 1），并布置了两项课后学习任务（拓展迁移和以读促写），希望对本堂课的学程反思能够成为学生链接新的学程的起点，把“不懂”视为与“懂”同样重要，并放到“思考的课堂文化”的建构中，成为学生走向“深度学习”的关键所在。

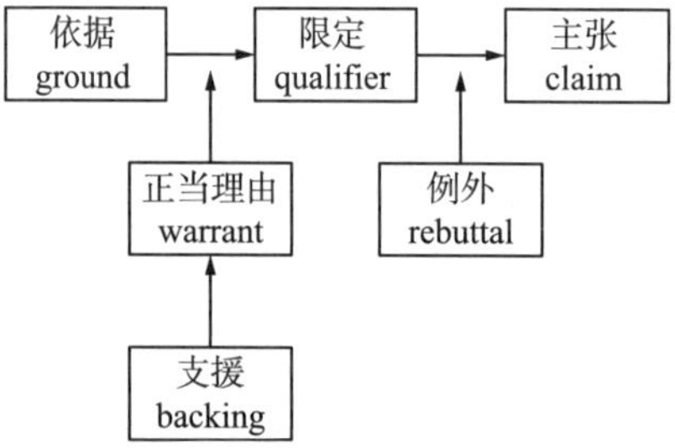

图 1　图尔敏论证模型

［说明］

依据：与论证相关的数据、事实、论据。

主张：被证明的论题、结论、观点等。

限定：为确保主张或结论成立，对论证范围和强度做出限定。

正当理由：链接依据与主张的普遍性原则、规律等。

支援：为正当理由提供进一步支持的陈述，展示正当理由的客观性。

例外：对已知反例的考虑，并进行补充性说明。

澄清·分析·评价·论证
——以选择性必修下册《石钟山记》读写结合教学为例

一、课堂背景与设想

本次作前指导课是在高中语文课文《石钟山记》学习基础上展开的，写作题目如下：

前一阶段，一部迪士尼动画片《疯狂动物城》(*Zootopia*)风靡全球，影片中有一句台词，颇耐人寻味。

狐狸尼克（对兔子朱迪）说：“踏进动物城，谁都怀揣着梦想，成为理想中的自己，但却一场空。你只能是你，狐狸还是狡猾，兔子依旧呆萌。”

对此你有何看法？请围绕上述材料，阐发你的观点。字数800左右。

进入高二下学期，学生对议论文写作已经建立起了初步框架，然而对“批判性思维与写作训练”问题的认识尚显不足。加拿大麦克马斯特大学董毓教授说过：“语文的阅读和写作，是最应该教批判性思维的地方，也是训练批判性思维最有效的途径之一。”[①] 基于此，本次教学的初始设想是力图改变以往写作之后进行讲评的授课模式，探索作前指导课的有益价值，努力将“阅读”与“写作”建立某种联系，并且就如何对一个有争议的话题（即写作材料）做出一个有充分理由支持的判断这一问题，开展单元教学活

① 易英华．批判性思维教学：语文教育的范式转换——批判性思维专家董毓教授访谈［J］．语文学习，2016（10）：4–10.

动（3 课时）。

长久以来，《石钟山记》都被赞誉为对前人翻案的经典之作，例如清代著名文学批评家吕留良在《晚村精选八大家古文》中点评道："此翻案也。李翻郦，苏又翻李，而以己之所独得，详前之所未备，则道元亦遭简点矣。文之奇致，古今绝调。"然而，我在备课过程中也读到多篇文章，例如《李渤何"陋"之有？——也谈〈石钟山记〉之偏颇及其深层寓意》《"笑李渤之陋"实可陋——读苏轼〈石钟山记〉有感》，这些文章对苏轼翻案进行质疑。以我拙见，要成为一个具有批判性思维的人，教师应当引导学生给予各种观点充分的尊重和考量，仔细倾听不同意见，在充分掌握信息、深思熟虑的基础上进行权衡和判断。因此，"苏轼对石钟山命名翻案"这个有争议的话题触发了我想要通过读写结合，提升学生批判性思维品质的教学动机。

在实际教学中，我将思维训练过程大致分为四个基本步骤：澄清—分析—评价—论证。

所谓澄清，就是在考察一个有争议性的问题时，能够清楚地界定问题（内容、边界等）、澄清定义（问题所涉及的核心概念）；所谓分析，就是能够充分搜集、分析与该问题相关的背景信息（不同角度、来源等）；所谓评价，就是对理由和论据信息的可信强度、权重分配等各方面进行判断；所谓论证，就是在综合性地权衡判断有力和薄弱之处之后，做出一个有充分理由支持的判断。

在写作单元教学过程中，我将第一、二课时主要用于《石钟山记》论题讨论：引导学生通过读写结合的学习活动，初步了解批判性思维的过程，学习运用批判性思维的技巧；通过"问题"质疑，学习对资料进行梳理、归纳和整合；通过表格支架的运用，学习使论证分析更加严密细致的方法。而第三课时，我主要用于作文材料之《疯狂动物城》经典台词的讨论：引导学生通过（新的）论题思考、讨论，加深对批判性思考过程的认识并加以运用；在思考、讨论的过程中，继续学习运用表格支架，组织、推进和修正自己的分析。

二、教学过程描述

（一）界定问题，澄清概念

在开展“我看苏轼对李渤之说的翻案”和“我看《疯狂动物城》经典台词”前后两次作前指导课前，我设计了两份学案。

批判性思维与写作训练学案一

重读《石钟山记》，完成以下作业。

请以“我看苏轼对李渤之说的翻案”为题，完成一次读书剪报，要求：

（1）解释概念：苏轼翻案的具体内容。

（2）阅读两种不同看法的材料（除课文外，至少各三篇），圈画重要依据，并做旁批，概括作者看法。

（3）可以阅读推荐材料，亦可自行另找，但均须注明基本信息，包括作者及其身份、文章名称、文章来源（如教材、专著、报纸、杂志、微信公众号、网络论坛等）。

【附】推荐材料

《辨石钟山记》（唐·李渤）

《游石钟山记》（明·罗洪先）

《游石钟山记》（清·周准）

《春在堂笔记》（清·俞樾）

《石钟山寻古》（高维晞）

《庐山及周围地学特征与自然景观》（杨志坚）

《石钟山奇音楼里听奇音》（江西一位记者）

《“笑李渤之陋”实可陋——读苏轼〈石钟山记〉有感》（一位网友）

批判性思维与写作训练学案二

（1）解释概念：Zootopia。

（2）请用一句话概括作文材料（狐狸尼克所言）的基本观点。

（3）围绕作文材料，完成一次读书剪报，要求：

① 阅读两种不同看法的材料（至少各三篇），圈画重要依据，并做旁批。

② 必须均注明基本信息，包括作者及其身份、文章名称、文章来源（如教材、专著、报纸、杂志、微信公众号、网络论坛等）。

两次学案的完成和讨论均有意识地引导学生在写作之前进行充分的阅读和思考准备，对于写作之前的讨论必须基于同一问题、同一概念开展。

（二）建立支架，分析信息

在作前指导课的前两堂课上，我先示范建立表格支架（表1），引导学生梳理个人对相关论题的看法。

表1　个人作前准备

基本论题	支持理由	证明依据	反对理由	证明依据
我看苏轼对李渤之说的翻案				

具体要求：支持或反对理由至少各写出两条；证明依据对应每条理由，至少写出一个依据，且尽量详细。围绕论题“我看苏轼对李渤之说的翻案”，在指导实际表格讨论的过程中，我在表格左侧增设“角度”一栏，据此为各项理由归类，并思考有无可补充的视角；同时，在表格右侧增设“问题”一栏，重新思考各项理由，并记录随之产生的问题。经过课堂实践，学生参与度非常高，发言踊跃，他们逐步厘清思路，从探究石钟山得名的事实、精神、方法、条件、意图等不同角度对论题展开分析，并大胆进行质疑。

而在作前指导课的第三堂课上，我给予学生更多自主空间，写作论题的表格讨论由教师主导转变为学生主导，充分激发学生自主学习的意识，引导其通过模仿迁移的方式训练批判性思维的能力。

（三）评价理由，确立依据

聚焦个人作前准备表，学生就表格中所产生的问题再次开展小组讨论，经过整理，围绕论题“我看苏轼对李渤之说的翻案”，学生的“问题”具体如下。

（1）论题聚焦：苏轼究竟想要推翻李渤之说哪个（些）地方？我们是否聚焦在同一问题上进行讨论？（请从课文中寻找依据）

（2）肯定理由：在石钟山得名的问题上，李渤是权威吗？

（3）肯定理由：苏轼在探究石钟山得名的过程中，真的做到严谨细致了吗？（如何从《石钟山记》中找寻依据？）

（4）否定理由：探究条件不成熟能否成为否定苏轼翻案的理由？

（5）肯定理由：为自己的不平发声，真的可以作为肯定理由吗？这是不是太过于主观，和追求真理的实践精神相悖？

（6）否定理由：苏轼内心的不满或其他情绪是否影响他对石钟山得名真相的考证？

作前指导课的课堂学习起点（特别是后两堂课）就是在学生聚焦论题，充分阅读、思考的基础上展开的。特别有价值的部分，我期望学生通过细致的考察，对原本坚持的理由、论据的漏洞进行反思、修正，并能主动从相反立场对理由、论据进行思考、补充。课堂讨论初步达到教学预设。

（四）权衡强弱，缜密论证

在本次写作指导过程中，我聚焦问题——围绕论题“我看苏轼对李渤之说的翻案”，在权衡多方因素后，最终你会形成一个怎样的结论？——特别设计、强调了具体的“讨论标准”：① 能清晰界定核心概念；② 能权衡各方理由的强度；③ 能考察依据来源的可靠性及普遍性；④ 能考察问题的多视角。

然后，我引导学生有意识地整体性反思论证信息的有力和薄弱之处，并结合表格讨论，完成片段写作（300字左右）：

我（支持/反对）苏轼对李渤之说的翻案。因为……（陈述主要理由）。虽然……（针对反对理由或例外情况），但是我认为……（有限定的讨论）。所以，……（得出最终结论）。

在整个写作单元教学后，我要求学生在进行作文材料的写作过程中，有意识地运用以上表述模式开展论证，并对本次写作单元学习做一次心得总结（要点如下）：

生1：总体上这次写作文思路还是比较跳跃的，可能提到的点与点之间的逻辑连接还是要更紧密一点；另外，如果想要开展中西方对比论证，可能需要再去多查一点资料。

生2：概念方面已厘清，但是要注意上下文的一致性。需要注意的是，逻辑有待加强。议论文不是说堆砌一些例子就可以证明你说得有道理，而是用例子来充实你本身的一些理论，作为理论依据展现开来。简而言之就是你的思想、你的理论最重要，“what → why → how”的过程必须非常清楚，而那些作为论据的时事新闻重在日益积累。对我来说，写作课最重要的是梳理思路，深化思维，多角度思考，至于那些平日里的论据几乎可以信手拈来，在我建立理论体系后对作文的写作有一定帮助。

西方批判性思维经典教材《权衡：批判性思维的探究与应用》一书中说：“为了得出一个有充分理由支持的判断，其中所包含的批判性评价并不只是针对单个的论证或者零碎的信息，还包括对这些论证和信息的有力和薄弱之处进行对比，以及权重的分配，从而从整体角度判断什么样的观点是最好的。”[1] 我深受启发，并在语文写作指导过程中积极探索提升批判性思维品质的有效途径。

① 莎伦·白琳，马克·巴特斯比．权衡：批判性思维的探究与应用［M］．仲海霞，译．北京：中国人民大学出版社，2014.

三、成果验证

以上课例是我近期有关写作与思维教学研究的一次尝试，实际有序的指导过程历时一个学期。为了检验该项研究的针对性和有效性，我多次抽样两个写作水平相当的班级的期中（末）考试写作部分的班级均分，数据如表 2 所示。

表 2　班级均分数据

对照对象	专题写作指导前	专题写作指导后	
	第一学期期末	第二学期期中	第二学期期末
高二（4）班	30.2	32.5	34.6
高二（7）班	29.9	33.8	37.9

【注】① 高二（7）班为课题施教对象，高二（4）班为参照对象。

② 表格中的数据为期中（末）考试班级作文均分，满分 50 分。

可见，“批判性思维与写作训练”作前指导，有利于培养学生的批判性思维品质，进而有效促进学生写作水平的提升。

四、课后反思

如果想在语文课堂上促进学生的思维发展，教师应该鼓励学生对具体问题进行多角度的、缜密细致的探索和讨论。一言以蔽之，我们应当多给予学生思维操练的工具和空间，而不要急于把某种定论灌输给学生。教学之余，留下了些许遗憾，值得反思。

主要的遗憾是关于论题聚焦的问题没有得到很好的解决。由于论题设置的复杂性，这个问题始终是我课堂教学的一个难点，虽然我意识到问题的存在，也努力在课堂上解决这个问题，但效果似乎不理想。通过课后交流，有两条途径对于我解决这一问题很有启发。其一，用考据学的解读方式，追根溯源，带着学生在原始文本中（郦道元、李渤写作的原文，而非苏轼的转述）找到石钟山得名的不同说法。其二，从教学环节设计的角度，有意识地把论题切分成“我看”“苏轼对李渤之说的翻案”两部分进行审题。由于论题是嵌套式的，不妨在课堂“问题”讨论环节一开始，先集中聚焦“苏轼对李渤之说的翻案”，再来解决“我看”这一问题，然后再来讨论其他学生的问题，这样可能更好地解决“聚焦论题”的问题，因为这是整堂课讨论的起点。

回顾整个教学的过程，我觉得最有收获的部分是教学思路的转变：借助这一写作专题的研究，如何促发教师有效指导学生作前写作，而非作后讲评；如何促使学生形成良好的思维习惯，而非仅仅习得写作技法。

如何“因”势利导，缜密说理？

——以“因果思维链进阶训练”写作教学为例

一、事件白描

最近我正在讲议论文的因果推理。在专题讲授过后，我布置了一个作文题目，要求学生根据题目，写一段200字左右的理由分析，当堂完成。

生活中，我们往往有意无意地和他人进行各种比较。有人认为这是人性的劣根、烦恼的根源，应该努力避免。对此你是否认同？

片段写作过后，我请学生交流了他们的写作片段，选择一篇进行班级讨论。

我们为什么会产生比较的心理呢？举个最普通的例子，期中考试一结束，卷子下发，大家就开始不经意地瞥旁边同学的成绩，和自己进行比较，这就属于无意比较。这样比较的大概有两种人：第一种是狂妄自大、优越感爆棚的人，甚至是不思进取却好高骛远的人，不思考自己的短处，也不思考别人为什么成绩好，而是一味地认为自己能力强，题目太简单没有体现出自己的水平，而不知道自己看一遍书，别人看五遍书；第二种是自暴自弃的人，因为分数比较而产生烦恼，甚至压力过大，带来焦虑感，既不能面对现实，又不努力奋斗，最终导致荒废人生的悲惨局面。所以，人会进行比较是人性的劣根，多数是因为烦恼激发出的固有的不良行为和不健康的心理，往往包括怨恨、妒忌、虚荣心，甚至会导致犯罪。

课堂对例文进行讨论后，同学们发现，该写作片段选择“比较”的材料贴近生活，选材适切，这是作文写得好的地方。但是，这个片段出现了因果推理断裂的问题：简单枚举“比较”现象无法必然证明“比较”是由人性中的某些劣根导致，因果推理没有环环相扣，由材料枚举直接得出结论，犯了强加因果的逻辑错误。

二、实践疑难

那堂写作课过后，我阅读了班级所有学生的写作片段，并与部分学生分别做了交流，发现学生普遍知道“说理”在议论文写作中的重要性，但是在实际写作中，说理部分是比较薄弱的，尤其在因果推理过程中，容易暴露断裂、单薄、错位等问题。要得出一个有充分理由支持的判断，因果推理是非常重要的环节。因果联系具有复杂性和多样性，包括一因多果、一果多因、多因多果。[①] 若要“会学”缜密说理，先要“学会”对一组因果做深入分析。链条，是机械装置用于传动的链子。因果推理过程也存在类似的链条，我们称之为因果思维链。因果思维链是一种形象化说法，是从已知的现象出发，围绕同一论证目的，通过因果推理各要素间的相互联系，环环相扣，互为因果所形成的推理过程。那么，如何“因”势利导，帮助学生学习构建一条缜密的因果思维链呢？为此，我又上了一堂写作指导课，并实践了相应对策。

① 白丽．高中议论文难点突破：基于高阶思维培养的“问题解决型专题写作”微型课程［M］．上海：华东师范大学出版社，2018．

三、相应对策

（一）借助思维支架，认识因果思维链

阅读下文，完成学习任务。

《谏太宗十思疏》（片段）

凡百元首，承天景命……有善始者实繁，能克终者盖寡。岂其取之易而守之难乎？……夫在殷忧，必竭诚以待下；既得志，则纵情以傲物。竭诚则胡越为一体，傲物则骨肉为行路。虽董之以严刑，振之以威怒，终苟免而不怀仁，貌恭而不心服。怨不在大，可畏惟人；载舟覆舟，所宜深慎。

（选自统编版高中语文教材必修下册第八单元）

（1）阅读《谏太宗十思疏》片段，概括观点，并归纳一条因果思维链。

①概括现象特征：国君治国，始繁终寡。

②揭示本质原因：________________________________

③补充重要限定：________________________________

④分析必然关联：________________________________

⑤推断结果 / 影响：________________________________

⑥形成最终结论：告诫统治者要竭诚待下、得民心。

（2）观察以上因果思维链，反思最近习作的说理过程，完善自己的因果思维链。

（二）运用评价量规，分析因果思维链

（1）议一议：阅读写作评价量规，讨论因果推理的评价维度（表1）。

（2）理一理：阅读个体写作片段，梳理其中一条因果思维链。

（3）说一说：根据写作评价量规，分析因果推理存在的问题。

（4）改一改：根据因果推理问题，修改至少一条因果思维链。

（三）创编写作新题，训练因果思维链

（1）围绕因果推理，反思写作指导课的收获。

（2）预告写作新题，巩固迁移如何因果推理。

表 1 “因果推理进阶训练”写作评价量规

训练目标	训练内容	还不错（等级：A）	基本过关（等级：B）	一步之遥（等级：C）	仍需努力（等级：D）
通过完善因果思维链，加强因果推理	因果推理的充分性	能贴近生活，聚焦某一社会现象，建立至少一条论证完整的因果思维链：能对比较原因、比较者、被比较者、比较行为、比较结果中的所有要素做充分的分析，并有意识地对重点要素（劣根、烦恼与比较之间）建立因果联系	能贴近生活，聚焦某一社会现象，建立至少一条论证比较完整的因果思维链：能对比较原因、比较者、被比较者、比较行为、比较结果中的3~4个要素做一定的分析，并能对重点要素（劣根、烦恼与比较之间）建立因果联系，局部分析有瑕疵	能贴近生活，聚焦某一社会现象，建立至少一条论证不太完整的因果思维链：能对比较原因、比较者、被比较者、比较行为、比较结果中的1~2个要素做一定的分析，没有对重点要素（劣根、烦恼与比较之间）建立因果联系	不能贴近生活，聚焦某一社会现象，无法建立一条因果思维链，因果推理存在明显的单薄问题
	因果推理的连贯性	能贴近生活，聚焦某一社会观象，建立至少一条论证连贯的因果思维链：能思维连贯地对比较原因、比较者、被比较者、比较行为、比较结果中的所有要素进行层层深入的分析，环环相扣，具有很强的逻辑支撑	能贴近生活，聚焦某一社会现象，建立至少一条论证比较完整的因果思维链：能思维连贯地对比较原因、比较者、被比较者、比较行为、比较结果中的3~4个要素进行层层深入的分析，体现一定的逻辑力量，但存在局部瑕疵	能贴近生活，聚焦某一社会现象，建立至少一条论证不太完整的因果思维链：能思维连贯地对比较原因、比较者、被比较者、比较行为、比较结果中的1~2个要素进行一定的分析，但因果思维链上诸多要素因考虑不周而无法做到连贯缜密的分析，由原因径直奔向结果，思维跳跃，缺乏有力的逻辑支撑	不能贴近生活，聚焦某一社会现象，无法建立一条因果思维链，因果推理存在明显的断裂问题

（续表）

训练目标	训练内容	还不错（等级：A）	基本过关（等级：B）	一步之遥（等级：C）	仍需努力（等级：D）
通过完善因果思维链，加强因果推理	因果推理的准确性	能贴近生活，聚焦某一社会现象，建立至少一条论证匹配的因果思维链：能对比较原因、比较者、被比较者、比较行为、比较结果中的所有要素间建立明确且唯一的因果推理关系	能贴近生活，聚焦某一社会现象，建立至少一条论证比较匹配的因果思维链：能对比较原因、比较者、被比较者、比较行为、比较结果中的3~4个要素间建立明确的因果推理关系，但部分要素间的分析存在相关而非唯一的因果关系	能贴近生活，聚焦某一社会现象，建立至少一条论证不太匹配的因果思维链：能对比较原因、比较者、被比较者、比较行为、比较结果中的1~2个要素间建立因果推理关系，同时各要素间出现明显的不匹配的因果关系	不能贴近生活，聚焦某一社会现象，无法建立一条因果思维链，因果推理存在明显的错位问题

四、理念思考

在“双新”背景下，议论文写作和思维发展相结合的专题指导是提升高中生“思维发展与提升”语文核心素养的一条必然途径。学会缜密的因果推理既是高中语文高阶思维培养的重点，也是难点。范飚老师针对“反思论证过程”的写作教学曾提出四项原则：第一，尽量聚焦；第二，落实活动；第三，借助工具；第四，促进转化。[①] 本次写作教学总体体现了以上四项原则，尤其重视促进学生议论文学习的“转化”。我针对学生说理过程中出现的强加因果的逻辑谬误，聚焦“学习构建一条缜密的因果思维链”这一内容，通过使用适切的思维支架，设计有效的表现性评价，创编有序

① 范飚．反思论证过程［M］．上海：上海教育出版社，2020.

的写作题目等写作指导策略，帮助学生借助工具（思维链或表格等）将思维可视化，发现因果推理中存在的问题，并在协同学习过程中，将讨论收获的学习经验转化为自己解决此次写作问题的策略。在经验转化策略的过程中，学生从“学会”到“会学”，认识到自身写作需要关注的问题、重点、工具，尤其是它们背后隐含着的学习方法，以及运用学习方法的价值与意义。

借助表格工具，搭建思维训练框架

——以“某打车软件打车难”写作教学为例[1]

一、背景与设想

【作文材料】

近日，一篇文章引起网民热议。该文章吐槽了用某打车软件打车难、打车贵，司机空车驾驶不接单，只为获取更高的调度费，老人妇女想招手打车，更是只能看着空车驶过等现状。另据某台最新消息：某市运管处、交通执法总队和价检局联合约谈某公司，要求其停止出租车加价功能。某公司承诺，在该市两周内取消“乘客自愿给予调度费”功能。

请问某打车软件取消加价能缓解“打车难”的社会问题吗？请写一篇议论文，阐述你对这一问题的看法。

我们知道，批判性思维是一种立足于建构与发展的思维方式，它主张在多元对话中，通过自我反思、批判与完善，来达成“合理性”的理念共识或行动方案。作为教师，想要真正促进学生批判性思维能力的提升，无论借助何种教学形式，必然涉及操作性的问题，即如何将不可见的思考路径及思维方法呈现出来，使自我的思维过程清晰可见？如何客观地评价、修正自我思维过程中存在的谬误？围绕普通高中语文学科核心素养中“思

① 本文发表于全国中文核心期刊《中学语文教学参考》2018 年第 1–2 期（合刊），发表时题为《借助表格，搭建思维训练框架——以“滴滴打车难”写作教学为例》，转载于人大复印报刊资料《高中语文教与学》2018 年第 6 期。

维发展与提升”基本要求，在本次写作指导中，我选择了“某打车软件打车难”作为本次思维与写作训练的素材，并设定本次教学目标：

1. 搜集、筛选、比较、分析与问题相关的背景信息（不同角度、不同来源）。

2. 通过合理表达观点、清晰分析概念和理由，加强议论文的说理能力。

在具体写作指导过程中，我引入国外比较成熟的表格工具——分级学案、PCQ 表格和作文评价量规，来帮助学生搭建批判性思维的训练框架。

二、教学过程

（一）作前准备：借助分级学案，搜集不同层次的背景信息

围绕本次教学目标，我按照能力等级自主设计了相关学案。

阅读材料，请问某打车软件取消加价能缓解“打车难”的社会问题吗？你的看法是（　　）。

A. 能　　　　　　B. 不能

根据以上问题，请自主选择合适的分级活动。

（1）一级能力：了解某打车软件发展历史及最近新闻，搜集与本次写作材料相关的重要资料。

（2）二级能力：选择一个视角，并完成写作专题资料整理（具体要求略。视角包括会使用某打车软件者、不会使用某打车软件者、打车软件创始人及 CEO、政府相关职能部门等）。

（3）三级能力：除了以上视角，你能否想到其他视角？请选择一种视角，至少搜集三篇相关资料，完成一份写作专题资料整理（请标明文章来源）。

原始学案以表格样式呈现，旨在针对学生不同写作与思维能力的实际情况，设计不同的作前学习活动，以帮助学生更好地达成目标。其中“一级能力”要求学生达成本次写作基本训练要求；“二级能力”要求学生在达

成基本训练要求的基础上进行能力提升，多角度思考问题，并将内隐的思维结果外显化；“三级能力”要求学生在达成基本训练要求的基础上能力进一步提升，达成目标的形式更加开放：其更鼓励学生思维的发散性，要求学生对写作过程中可能忽略的视角作充分思考，真正在批判性阅读与批判性写作间建起一座桥梁。

（二）作前指导：借助 PCQ 表格，开展不同立场的分析论证

在课堂指导环节，我主要聚焦一个核心问题引发学生思维碰撞：

某打车软件取消加价能缓解“打车难”的社会问题吗？请分析原因。

课堂讨论中，我引导学生结合材料所提供的和搜集的背景资料，基于自己选择的视角，展开讨论。而在此之前，我要求学生在小组讨论过程中，认真完成一份小组交流记录单，即 PCQ 表格（表 1）。在本次写作教学案例中，我还在表格左侧增设了“视角”一栏。

基本问题：某打车软件取消加价能缓解“打车难”的社会问题吗？

基本判断：某打车软件取消加价不能缓解“打车难”的社会问题。

表 1　小组交流记录

视角	支持理由	反对理由	提出问题

课堂讨论中，学生站在会使用某打车软件者、不会使用某打车软件者、打车软件创始人及 CEO、政府相关职能部门等不同视角，对问题进行正反两方面的理由分析。例如，有学生对“取消加价不能缓解‘打车难’的社会问题”的判断提出支持的理由：

（1）一般在高峰时段（如上下班）、特殊时段（如雨雪天）需求量大，会出现车辆供不应求的情况（视角：使用某打车软件者）。

（2）年纪大、文化程度不高、社会关注度不够等导致不会使用打车软件（视角：不会使用某打车软件者）。

（3）出租车进入网约平台后，自由接单，挑选客人，无形增加了拒载的概率（视角：出租车司机）。

（4）不具备营运资质的私家车参与客运，导致黑车、临时毁约情况激增（视角：打车软件创始人及 CEO）。

……

也有学生对“取消加价不能缓解‘打车难’的社会问题”的判断提出反对的理由：

（1）能够更加精准地知晓打车地点、时间、费用，提升了打车的成功率（视角：会使用某打车软件者）。

（2）以盈利为目的，以市场需求为导向，更加精准地细分市场，满足不同层次客户（出租车、专车、快车、顺风车、代驾、租车等）的需求（视角：打车软件创始人及 CEO）。

（3）某打车软件是对当下出行工具私人化服务的一种补充（视角：打车软件创始人及 CEO）。

（4）根据打车软件来调整监管模式，并且尽力考虑社会不同群体的出行需求，进行城市道路的整体规划（视角：政府相关职能部门）。

……

此外，我有意识地引导学生将讨论中产生的疑问记录下来：

（1）网络约车能否完全替代路上招手模式？出租车是否应该加入网络打车系统中？

（2）出租车行业利润分配是否合理？

（3）个体在出行时，是否对代步工具的观念产生变化？

（4）在交通出行问题上是否真正平等地关注了社会弱势群体的需求？

（5）政府目前出台的缓解方案能够真正解决“打车难”问题吗？

（6）在大力发展公共交通的今天，相关部门除“堵”以外，是否还有更好的方案来缓解各方的矛盾和压力？

……

（三）作后反思：借助写作量规，评价思维过程中的各种谬误

写作指导课后，我自主设计了两份写作训练评价量规，分别就“关注问题的背景”和“加强议论文说理的能力”两项内容，请学生开展写作之后的自我评价，反思写作（即思维过程）中存在的各种谬误。学生使用的评价量规如表 2、表 3 所示。

表 2 写作训练自我评价表（1）

班级：高一（5）班　　姓名：吴 × ×　　学号：37

训练目标	训练角度	自问自答（请用一句话作答）	自我评价（请用“√”评价）				课堂收获
			完全掌握	基本掌握	一知半解	完全不懂	
写作训练之问题背景的关注	【现状】能比较全面地了解某打车软件取消加价事件的来龙去脉	为了解决“打车难”问题，某打车软件取消了加价	√				在课堂中，我们主要通过小组讨论来进行写作训练。在这个过程中，我们分享了各自搜集到的不同背景资料，也从不同视角看待同一问题。特别是在组员有分歧的时候，大家都试图努力从对方角度理解问题。整堂课我们从只会关注社会问题的一些表面现象，到慢慢深入问题背后的价值诉求。我想这堂课的最大意义是不局限于能不能缓解“打车难”这个问题，而是更深层次地关注“打车难”背后的源头，以及多视角、多立场看待问题的思考方式
	【争论的过程】能清晰地厘清问题争论的矛盾焦点	取消加价，乘客是否能真的如愿打到车		√			
	【特定背景】能了解问题产生的社会、经济、历史等特定背景	由于供需不平衡，现在很多不会使用某打车软件的人，成了弱势群体；随着私家车载客数量增多，出租车司机境遇大不如从前		√			
	【价值判断】能找出隐藏在问题背后的价值判断或价值冲突	如果从根本上解决问题可能会撬动很多人的既得利益。其实这点我还有些一知半解，思路有点跟不上			√		

表 3　写作训练自我评价表（2）

班级：高一（5）班　　姓名：吴 × ×　　学号：37

训练目标	训练角度		具体要求	自我评价（请用"√"评价）			修改方向
				做得很好	基本做到	尚待努力	
写作训练之加强议论文的说理过程	观点表达是否合理		能够在作文的开端明确且细致地表达本人观点	√			
	分析过程是否清晰	分析逻辑性	1. 至少能从两个角度分析"打车难"的原因	√			
			2. 能找出"打车难"的根本原因，并针对其分析"取消加价"这一解决方案的合理性			√	"打车难"根本原因的剖析：供需不平衡，要将这对矛盾揭示出来，并做重点分析
		语言准确性	1. 能对材料中的核心概念"缓解"进行解释和分析			√	① 需要辨析"缓解"和"解决"概念之间的差异 ② 在搜集的四则材料中，选择两则支持不能"缓解"的材料重点展开
			2. 能由浅入深地概括和分析问题的相关背景		√		应加强对"特定背景""价值判断"这两块内容的进一步思考，也就是说，在结尾讨论解决方案时，不应仅从工具性角度提出一刀切的建议，而应从伦理性角度考虑有针对性的、柔和弹性的方案

三、成果验证

以上课例是我近期有关批判性思维与写作训练教学研究的一次新的尝试。课后，我认真收集了一些反馈意见，包括听课教师、学生的听课感受，学生的写作反思，等等，以检验课例研究的教学成效。

例如听课教师反馈的听课感受：课堂训练的材料来源于学生最感兴趣的话题，为课堂讨论的充分展开准备了有利条件。课前预习学案不仅有学生对热点话题的文字资料搜集，还包括小组合作完成的实地采访任务。课堂使用小组交流记录单也成为本课堂亮点，建立独立思考—平等分享—取长补短的合作式讨论模式，学生们分别从消费者、司机、政府相关职能部门等多个角度展开了热烈而深入的讨论，集思广益、发表观点，思维的火花由此在课堂上碰撞、闪耀。

又如学生反馈的听课感受：说实在的，上课之初由于我课前准备不充分，课堂跟得很吃力。但是后来，跟随施老师不断思考表面现象之下的问题本质，我的看法逐渐明朗。在与老师、同学的讨论中，我开始认识到站在不同视角、不同立场思考可以帮助我们越来越逼近问题的本质。

再如课堂上学生写下的写作反思：这次作文修改我首先要对写作材料中最核心的概念“缓解”和“解决”进行辨析和解释，并依据此寻找作文论证的不足和合理性。因为一稿中主要写了“解决”，所以将原因和解决方案都推向了政府，而修改中则需体现各个角度的人群可以做出什么改变。另外，“打车难”的根本原因是供需失衡问题，这一点要详尽地体现。供不应求的背后所体现的社会状况和引发的思考也可适当写入文章中。

以上是来自各方对本次课例研究结果的一些反馈。在批判性思维与议论文写作训练的问题研究中，能够通过一堂又一堂课的努力尝试，切实帮助学生提升议论文写作水平，并且得到来自同行老师的肯定，我颇受鼓舞。

四、课后反思

董毓教授说过："(好的)思考能力不是读来的，而是练出来的。"[①]的确，如果想在语文课堂上促进学生的思维发展，教师应该鼓励学生对具体问题进行多角度的、缜密细致的探索和讨论。一言以蔽之，我们不应当急于把某种定论或范式灌输给学生，而应当营造更加开放多元的课堂氛围，给予学生一些必要的思维工具和评价工具，帮助学生搭建起属于自己的批判性思维学习框架。

本次写作教学案例中，我设计的分级学案主要引导学生对社会问题背景进行关注，而该问题长久以来都是学生议论文写作的一个盲区。一般情况下，值得我们探究的社会问题并不是凭空产生的，其往往产生于并处于特定的背景之中，找出基于问题的背景信息将有助于学生的深入探究。本则材料需要关注的背景信息主要包括以下方面：

(1)现状：主要关注网络打车已进入我们的日常生活，出现了问题，也提出了一些解决方案。

(2)相关争议：聚焦人们出行供需矛盾问题，本质上是公平与效率之间的矛盾冲突。

(3)特定背景：主要围绕社会公共生活中的经济问题。在社会主义市场经济背景下，交通出行私人化服务这块蛋糕正在被社会重新切分。

(4)价值判断：主要思考工具性(实用性)判断和道德(伦理)判断之间的冲突。

借助批判性思维理论，我们可以运用背景图示例(图1)[②]帮助学生更加清晰地思考背景问题，它们影响了材料所涉及的问题的争议点，并且为

---

① 董毓.批判性思维原理和方法：走向新的认知和实践[M].北京：高等教育出版社，2010.
② 莎伦·白琳，马克·巴特斯比.权衡：批判性思维之探究途径[M].仲海霞，译.北京：中国人民大学出版社，2014.

其提供了重要基础。我设计的这份学案就是希望学生在搜集、筛选、比较、分析与问题相关背景信息的过程中，将大量隐藏在写作材料背后的重要信息揭示出来，例如具体语境、重要前提、价值观念，从而聚焦问题，搜集证据，充分说理。

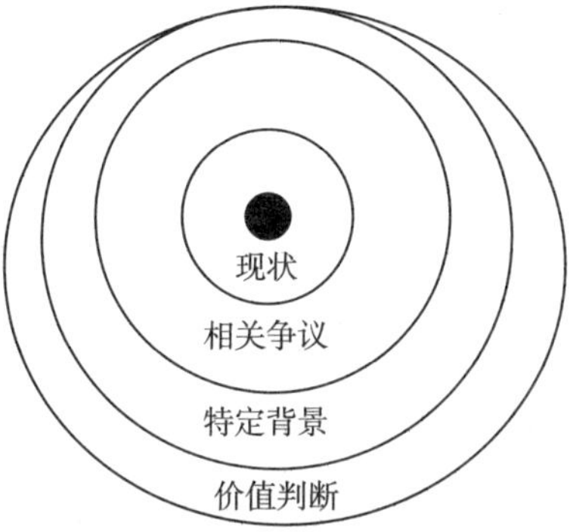

图 1　背景图示例

本次案例引用的 PCQ 表格主要适用于议论文写作指导的作前阶段。此表格在帮助学生将自己的观点梳理清晰的同时，所体现的正是这样一种公平的意图。

在本次课堂使用 PCQ 表格的过程中，比较有亮点的是增设了“视角”一栏和对“提出问题”栏的充分引导。表格中“支持理由”与“反对理由”栏旨在使学生从尽可能多的视角，搜集、整理并思考某个想法的益处与弊端、优势与不足；而新增的“视角”栏，能让学生在理解周围各种立场的基础上，将思考分析推向更为周密有序的层次。表格中的这几项内容都意图引导学生重新评估所搜集的信息，而这恰是批判性思维的一项重要技能；相较于在给定证据或材料基础上的思考，“提出问题”栏更侧重于提供一个发散性思考的机会，鼓励学生通过对新一轮信息的消化，借由新问题的提出，开掘思考的深度，拓展思考的范围。从某种意义上说，随着对话题讨论和对问题分析的不断推进，此时新“问题”的提出对学生的思考力提出了更高的要求，并由此呈现又一轮信息搜集、筛选、比较、分析、判断的循环。如此，学生通过一张表格，不仅将头脑中的思维“可视化”了，更可在做结论之前，尽可能考虑问题的不同角度和多种可能性，尽可能减少和消除反对意见，使说理更充分而合理，观点更清晰而有深度。

在本次案例中，我还自主设计了两份写作训练评价量规。以我拙见，一堂写作指导课的结束并不意味着一次学生思维训练内容的达成，还需要关注学生的作后反思。这两份写作训练评价量规主要适用于学生作后修改阶段，聚焦“搜集、筛选、比较、分析与问题相关的背景信息（不同角度、不同来源等）”和“通过合理表达观点、清晰分析概念和理由，加强议论文的说理能力”，培养批判性思维。前者主要就写作问题背景所涉及的现状、相关争议、特定背景、价值判断等多角度对学生写作前背景关注问题进行评价；后者主要从观点表达合理性、（因果）论证分析清晰性等角度对学生写作中、写作后的推理谬误进行评价。我设计多种作文评价量规工具的意图是希望对学生整个写作过程进行更加科学的评价，从而帮助学生比较清晰地了解自身实际写作与理想训练目标的差距。更为重要的是，学生经历了一个自我反思、自我修正的过程，这对于学生形成审慎细致的批判性思维态度无疑影响巨大。

诚如余党绪老师所言：批判性思维的适用范围，主要是理性或主要由理性支配的领域，如公共事件的分析、复杂境况的评估、多元选择的权衡、未知问题的解决等。运用在语文教学上，就是如何建构知识，如何深度分析文本，如何将写作技术转化为思维训练。[①] 我颇受启发，并希望以此写作教学案例为例，借助诸多表格工具，搭建起批判性思维训练框架，从而促进学生思维品质的有效提升。

① 余党绪．批判性思维：推动语文教学的素养转向［J］．语文学习，2017（5）：12-17.

辑三

深度学习视域下的评价设计

优化单元测试设计，助力核心素养发展

——以必修上册第三单元测试设计为例

一、写作背景

基于核心素养的课程改革驱动着评价体系的变革，促使我们必须超越传统的只注重“双基”的客观纸笔测验，采用并丰富“能检测学生的认知思维和推理能力以及运用知识去解决真实的、有意义的问题的能力”①的表现性评价。表现性评价任务是相对于“有固定答案的标准化测试”②而言的，它可以以纸笔形式实施，也可以以非纸笔形式实施。在日常教学中，单元测试是日常教学的重要组成部分。教师可以将此作为研究重点，从中观层面探索测评途径、手段的丰富化，以回应核心素养语境下语文教育评价需要作出的系统调整。

二、问题提出

统编版高中语文教材必修上册第三单元篇目包括魏晋诗两首（《短歌行》《归园田居》）、唐诗三首（《梦游天姥吟留别》《登高》《琵琶行并序》）和宋词三首（《念奴娇·赤壁怀古》《永遇乐·京口北固亭怀古》《声声

①② 周文叶，陈铭洲．指向核心素养的表现性评价［J］．课程·教材·教法，2017，37（9）：36–43.

慢》)。该单元聚焦“文学阅读与写作”学习任务群，依据教材单元提示及其他信息整合，单元学习目标概要如下：

第一，阅读作品，借助知人论世和以意逆志的方法，把握作品的思想情感、作者生平、创作背景之间的关系，理解诗人的精神境界，认识作品的当代价值。

第二，开展多种形式的朗诵活动，涵泳体会，读出不同作品在韵律、节奏及情感表达上的特点。

第三，发挥联想和想象，感受、分析意境，欣赏艺术价值，提高审美品位，增强文化自信。

第四，反复阅读，辨析不同和相同体式在表达方式、表现手法及风格上的异同，分析体式与情感表达的关系。

第五，联系以往的学习经验，从作品意蕴和艺术匠心等方面，自选角度，聚焦感受最深的一点，撰写文学评论。

在本次单元测试设计过程中，我在思考并尝试解决一个问题：在单元测试语境中，如何优化单元测评设计，帮助学生促进语文核心素养的发展？

三、任务设计

题目1：第三单元测试任务设计（初始稿）

前人评价李清照《声声慢》开篇连用十四个叠字富有创造性，说说你的看法。

题目2：第三单元测试任务设计（修改稿）

一曲《声声慢》，愁情寄余生

“愁”这种情绪历来就被很多诗人写入作品中，可谓千姿百态。曹操发出“对酒当歌，人生几何”的慨叹，愁人才之难得；李白“举杯浇愁愁更愁”，愁壮志未酬……每位诗人都有自己愁的内涵与特质，需要我们涵泳体会。《声声慢》是李清照书写“愁”情的典范之作，近期，班级将策划一期围绕李清照的专题小报展示活动，请你完成以下四项任务，并完成一份小报制作。

题目 2-1：感知愁情——披文入情

你还记得曾经读过的李清照词作吗？回忆《如梦令》（二首）、《武陵春》、《醉花阴》，请分别选择合适的插图（提供 A、B、C、D 四张图，原图略）来配以上四首作品，并从原作中选择最有代表性的一句词作为插图小标题，准备小报图片资料。

（1）《如梦令》（常记溪亭日暮）配图（　），小标题：________。

（2）《如梦令》（昨夜雨疏风骤）配图（　），小标题：________。

（3）《武陵春》配图（　），小标题：________。

（4）《醉花阴》配图（　），小标题：________。

题目 2-2：如何入愁——叠字赏析

唐圭璋《唐宋词简释》：“《声声慢》起下十四字叠字，总言心情之悲伤。”

请赏析开头十四字叠字的妙处，准备小报文字资料。（100 字）

题目 2-3：为何染愁——知人论世

为何李清照的后期词作中染上了浓浓的愁情呢？除了上网查阅获取初步信息，我们不妨查阅人物传记、年表（谱）、名家评传等资料，了解词人的身世及其所处的时代背景，然后再“回到现场”，去领会词人在词中所寄寓的愁情。

围绕李清照，阅读一则注释（《声声慢》教材注释①）、一份人物年表（徐北文《李清照全集评注》）和一篇人物评传（梁衡《乱世中的美神》），选择自己感触最深的一点，完成一篇关于李清照后期词作的文学短评（300 字左右），准备小报文字资料。

题目 2-4：涵泳愁情——书写对联

“国家不幸诗家幸，赋到沧桑句便工。”诸多苦难没有压垮李清照，反而将她的艺术灵魂塑造得更为突出，使她成为“乱世中的美神”。一曲《声声慢》，愁情寄余生。请你为李清照写一副对联，表达你对这位词人的情感态度，设计小报点睛之笔。

四、教学反思

在本单元测试任务设计过程中，我对题目做了较大幅度的修改：题目1指向单元学习目标三，即发挥联想和想象，感受、分析意境，欣赏艺术价值，提高审美品位，增强文化自信，任务形式采用纸笔测试，具有封闭固定的答案；题目2的任务形式尽管依然采用纸笔测试，然而经过设计优化，我选择设计表现性评价任务，测评任务指向单元学习目标一、三、四、五，加强了综合性和情境化，答案更具多元开放性。之所以如此修改，我有如下几点理由。

（一）引入情境，重视品质

当下考试将情境引入试题设计已很普遍，但是，要警惕“为了情境而情境”的情况。因此，当引情境入测试卷中时，应以慎重态度，对情境性质及使用目的进行认真考察。以本次设计的题目2为例，修改之初，我对情境类型、情境化试题的基本要求和结构类型进行了梳理。

1. 情境类型：社会生活情境 + 学科认知情境（复杂）。

2. 情境化试题的基本要素和结构类型。

基本要素：背景、任务、问题、目的。

结构类型：背景 + 任务 + 问题 + 目的。

（1）背景要素

① 以《声声慢》为突破口涵泳体会李清照词作中的“愁”情（引导性

材料一）。

② 介绍唐圭璋评价《声声慢》十四字叠字的妙处（引导性材料二）。

③ 介绍读法，即查阅人物传记、年表（谱）、名家评传等资料，知人论世（引导性材料三）。

④ 引用名句“国家不幸诗家幸，赋到沧桑句便工”（引导性材料四）。

（2）任务要素：

总任务——完成一份李清照专题小报。

子任务——准备小报的图文资料：配插图及标题，作品赏析，写文学短评，写对联。

（3）问题要素：如何涵泳体会李清照别样的愁情？

（4）目的要素：引导学生经历一个解读背景材料、阅读非连续性文本、提炼问题、寻找策略及完成任务的完整过程。

更重要的是，我还要想清楚设计情境化试题的真正目的。以题目 2 为例，相较于初始稿，我新增了四则背景材料，它们均属于引导性材料，其中设置了一定的“召唤结构”，触发学生对李清照作品阅读的认知思维，引发他们完成一份相关专题小报总任务的积极性。四个子任务设计，均聚焦总任务和问题要素，环环相扣，难度渐次提高，开放度逐渐加大，有利于考查“学生发现问题、诊断问题、提出解决方案，以及实施和反思的能力”[①]。

（二）重视过程，做好评价

在日常教学中，单元测试不同于期中期末考试、中高考等承受较大压力的高利害性考试，因此有着较大的空间进行过程性评价的探索（图 1）[②]。重视单元测评任务设计，能更好地在中观层面考查学生语文学习的真实表

① 叶丽新 . 读写测评：理论与工具［M］. 上海：上海教育出版社，2020.

② 叶丽新 . 语文教育评价的专业化发展：兼谈《义务教育语文课程标准（2022 年版）》的理解与实施［J］. 语文学习，2022（9）：68-74.

现，显示学生在累积基础之上所形成的语文学习特点，由此更容易显现学生语文学习质量的“变化”情况。

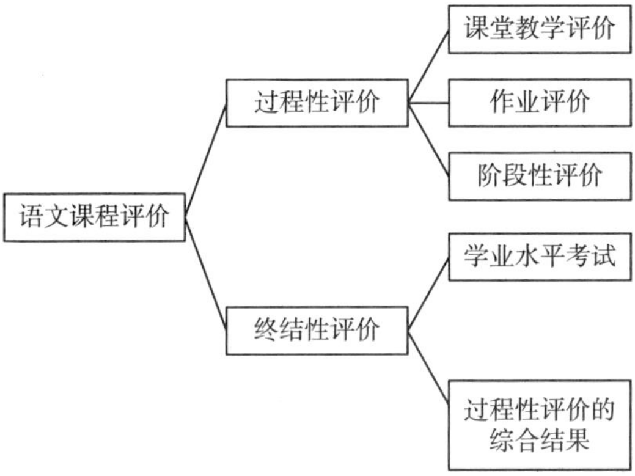

图 1 《义务教育语文课程标准（2022 年版）》中的评价体系

在统编版高中语文教材必修上、下两册中属于“文学阅读与写作”学习任务群的共有五个单元，分别是必修上册第一、三、七单元和必修下册第二、六单元。如果贯通必修上册三个单元内容，我们会发现无论主题、内容如何变化，围绕统一学习任务群，指向对学生语文学科核心素养的目标都是一脉相承、逐渐深入的，具体如下：

1. 必修上册第一单元

（1）人文主题：青春激扬。

（2）阅读内容：诗歌五首、现当代小说两篇。写作内容：诗歌创作。

（3）语文素养：① 阅读：感受文学作品意蕴的丰富性和语言表达的特殊方式，学习从语言、形象、情感等不同角度欣赏作品，获得审美体验，提升审美能力（其一）。② 写作：尝试诗歌写作，增强语言表现力。

2. 必修上册第三单元

（1）人文主题：生命诗意。

（2）阅读内容：魏晋诗两首、唐诗三首、宋词三首。写作内容：文学短评。

（3）语文素养：① 阅读：体会诗人对社会的思考与人生的感悟，理解文学作品丰富的内涵和语言的独特表达，提升审美能力（其一）。② 写作：尝试写文学短评。

3. 必修上册第七单元

（1）人文主题：自然情怀。

（2）阅读内容：现代散文三篇、古代散文两篇。写作内容：在写作中注重情景交融。

（3）语文素养：① 阅读：整体感知文学作品，涵泳品味，领悟作品的内涵，把握作者的情感态度，获得审美体验（其一）。② 写作：捕捉创作灵感，运用一定的艺术手法，用自己喜欢的文体样式写作。[①]

由于第三单元在学生高一学习中有着承上启下的作用，在设计单元测试任务时，应重点考虑阶段性评价的诊断、反馈、激励功能，而非片面强调检查、甄别和选拔功能。以题目 2–3 为例，写文学短评，重点观察学生在第一、三单元学习知人论世、以意逆志的阅读方法，和基于个人感触与可信的资料学写文学短评的表现变化，也为第七单元散文学习做好准备。

通过上述实践，我们发现优化单元测试设计需要在情境品质和评价过程上多下功夫，不仅要关注学生外在的学习结果，更要关注其内在的学习品质。通过优化单元测试设计，用评价引导学生学会学习，从而助力学生自觉提升语文学科核心素养。

① 人民教育出版社，课程教材研究所，中学语文课程教材研究开发中心．普通高中教科书教师教学用书 语文 必修 上册［M］．北京：人民教育出版社，2019.

以评促学，将评价嵌入单元任务研习中

——以选择性必修上册第二单元研习任务设计为例

一、写作背景

围绕高二语文选择性必修教材学习，学生从单元任务学习走向单元任务研习，“更加突出探究性学习，是带有一定研究意义的学习。‘学习’与‘研习’一字之差，梯度上去了，要求不同了”[①]，其指向学生“深度学习”的发展要求。在单元任务研习中，将表现性评价嵌入单元研习任务，向学生呈现清晰、具体的学习目标和评价标准，通过设置一系列形成性的评价点为学生创造获得有效反馈的机会，促进学生自我评价与反思，并利用反馈进行学习调整，形成学习的循环，可以有效促进学生走向深度学习。

二、问题提出

统编版高中语文教材选择性必修上册第二单元包含六篇经典文本，分别是《〈论语〉十二章》《大学之道》《人皆有不忍人之心》三篇儒家经典，《〈老子〉四章》《五石之瓠》两篇道家经典，《兼爱》一篇墨家经典，属于“中华传统文化经典研习”学习任务群。在本次课例中，我重点思考了一个

---

① 温儒敏．“学习”与“研习”——谈谈高中语文“选择性必修”的编写意图和使用建议［J］．中学语文教学，2020（8）：4–12.

问题：在单元任务研习中，教师如何实施高质量的表现性评价，以促进学生的深度学习？围绕这个问题，我以补充篇目《秋水》作为研习任务的设计起点，由点及面，对整个第二单元做了一次统整设计。

三、任务设计

（一）板块一：明确学习目标

阅读选择性必修上册第二单元研习任务，了解本单元的学习目标。

1. 理解儒、道、墨三家核心思想的内涵和价值；比较儒、道、墨三家看待社会人生问题的不同思维方式；探究儒、道、墨三家思想的得失及其当代价值。（指向单元研习任务一）

2. 梳理并认识诸子论说风格及其表达效果：深入体会《论语》简洁明晰、《孟子》气势磅礴、《大学》条理分明的语言特点，深入体会《老子》以朴素的思辨和凝练的语言给日常用词重新下定义的智慧，《庄子》借助形象生动的寓言和绘声绘色的对话来表达自己思想的灵动，以及《墨子》语言的浅显和逻辑的严谨。（指向单元研习任务二）

3. 整理积累常用文言虚词、实词、句法现象等，分析典型词句在语境中表情达意的效果。（指向单元研习任务三）

（二）板块二：布置评价任务

总任务：自主学习庄子《秋水》，根据单元学习目标和《2022年普通高等学校招生全国统一考试（上海卷）语文科目考试说明》中有关古诗文阅读考试的内容与要求，小组合作，编制一套关于《秋水》的试卷（满分：30分）。

《2022年普通高等学校招生全国统一考试（上海卷）语文科目考试说明》中有关古诗文阅读考试的内容与要求具体如下：

3. 古诗文阅读

3.1 理解与现代汉语不同的句式和用法。

3.2 用现代汉语翻译句子。

3.3 概括古诗文的主要内容。

3.4 梳理古诗文的行文思路。

3.5 理解词语、句子在古诗文中的含义。

3.6 凭借对语言运用规律的把握，依据语境、内容，进行断句、排序、判断等。

3.7 分析词、句、段在古诗文中的作用。

3.8 分析常见的表现手法及其作用。

3.9 分析作者的情感、写作的意图。

3.10 赏析古诗文的语言运用、古诗文中富有表现力的词语和句子。

3.11 赏析古诗文中的意象和意境。

3.12 评价古诗文的艺术特点。

3.13 评价古诗文内容、思想的意义和价值。

命题样例：

题目：把下列句子译成现代汉语。（6 分）

先生疏谏切激，下廷杖也。以辅臣赵志皋救免，一时直声震天下。

考点：3.5 理解词语、句子在古诗文中的含义。

答案：先生上疏劝谏皇帝，恳切激愤，被下达廷杖的惩处。后来因为有辅臣赵志皋出面搭救而免罚，一时刚直声誉传遍天下。

评分说明：疏（上疏）、切激（恳切激愤）、下（被下达，遭受）、以（因为）、免（免罚）、直声（刚直声誉）。每处 1 分。

（三）板块三：讨论评分规则

子任务 1：

（1）一份文言试卷“好”的标准是什么？请据此设计一份评价量规。

（2）一道文言试题“好”的标准是什么？请据此设计一份评价量规。

子任务 2：

（1）结合评价量规，选出四份样卷中你认为最好的一份，并阐释你的理由。

（2）结合评价量规，评价一道由同学命题的单元梳理题，并阐释你的理由。

回顾初高中学过的庄子作品，完成表 1。

表 1　庄子作品梳理

学习篇目	论说观点	如何论说（角度＋举例说明）		思维特点	总体评价（亮点＋不足）
		相似点	不同点		
《秋水》					
《五石之瓠》					
《庖丁解牛》					
《北冥有鱼》《庄子与惠子游于濠梁之上》					

（四）板块四：反馈、反思与修订

子任务 3：

（1）进一步理解单元学习目标与评价标准后，修订本学习小组的试卷，并完成命题反思。

（2）回顾第二单元学过的先秦诸子散文，完成表 2。

表 2 先秦诸子散文梳理

学习篇目	如何论说	典型例子	思维特点	总体评价（亮点 + 不足）
《〈论语〉十二章》				
《大学之道》				
《人皆有不忍人之心》				
《〈老子〉四章》				
《五石之瓠》				
《兼爱》				

四、教学反思

在单元任务研习中，如何实施高质量的表现性评价，以促进学生的深度学习呢？其关键是学生经历真实情境中的任务解决过程，并利用评分规则来引导和反思学习。[①] 以本课例为例，我尝试在单元教学过程中，确立四个重要的板块，分别是“明确学习目标”“布置评价任务”“讨论评分规则”和“反馈、反思与修订”。下面，结合四个板块，谈谈我的设计意图和实践反思。

（一）学习目标分析

“编制一套关于《秋水》的试卷”是围绕高二选择性必修上册第二单元设计的一项研习任务，属于“中华传统文化经典研习”学习任务群。课标中相关内容如下：

• 选择中国文化史上不同时期、不同类型的一些代表性作品进行精读，体会其精神内涵、审美追求和文化价值。

• 梳理所学作品中常见的文言实词、虚词、特殊句式和文化常识，注意古今语言的异同。

• 学习传统文化经典作品的表达艺术，提高自己的写作水平。

① 周文叶.促进深度学习的表现性评价研究与实践［J］.全球教育展望，2019，48（10）：85–95.

依据课标，我将单元学习目标设定为以下三项：

（1）理解儒、道、墨三家核心思想的内涵和价值。

（2）梳理并认识诸子论说风格及其表达效果。

（3）整理积累常用文言虚词、实词、句法现象等，分析典型词句在语境中表情达意的效果。

在任务推进的起始阶段，我有意识地引导学生关注单元学习目标，努力凸显语文学科的本质，紧扣课标与语文要素，并将居于语文课程核心的总目标进行分解，细化成可以评价学生具体表现的子目标。其中，梳理并认识诸子论说风格及其表达效果是学生的学习难点，老师需要调动教学（评价）手段，帮助学生掌握“如何论说”的语文学科知识，以下是经过任务研习、学生梳理的部分学科知识（图 1）。

如何论说

一、相似点

- 如何论证
  - 论证角度
  - 论证方法
    - 善用寓言，化抽象为具象（如《秋水》中井底之蛙、《五石之瓠》中“不龟手之药”等）
    - 比喻论证，生动形象（如《秋水》中，“井蛙”“夏虫”→受限于环境之人；“小石小木之在大山”“四海之在天地”→事物大小相对）
  - 论证思路——逻辑的力量（如《秋水》中由小到大，由个别到一般，由具体到抽象；《五石之瓠》批评惠子的固陋，凸显庄子的超拔）
  - 论证结构
  - 论证语言
    - 绮丽浪漫，以一种奇幻的意境之美阐述主张（如《秋水》中的“秋水时至……”）
    - 模糊→有一定局限性
  - 论据

二、不同点

- 论证方法——寓言形式不同
  - 《秋水》：全文为两篇寓言，假托河伯与北海若两个虚构人物的对话展开说理
  - 《五石之瓠》：对话中嵌套寓言，加强说服力
- 论证思路——目的
  - 《秋水》：讲事理
  - 《五石之瓠》：讲事理＋争辩（包含批评）
- 论证语言
  - 《秋水》：排比＋反问句，大肆铺陈→加强气势
  - 《五石之瓠》：以设问结尾→点明道理

综上：寓言为最显著特点，其形式有所不同（整体/局部），文风恣肆而不失逻辑，均为点出庄子之“道”服务，表现变幻与内核稳定、相同与不同对立统一。

图 1　选择性必修上册第二单元语文学科知识（学生梳理）

（二）评价任务分析

如何设计一个高质量的评价任务呢？依据周文叶团队的研究成果，可以从四个角度观察评价任务的设计特征：其一，基于学生生活经验与兴趣的真实性；其二，多样化支架支持下的挑战性与公平性；其三，学习共同体中的自主与合作；其四，评价任务的嵌入方式。[①]本课例中，我着重于探索如何引入多样化支架和如何将评价任务嵌入研习任务中。以“编制一套关于《秋水》的试卷”任务为例，完成任务不是简单地让学生识记、复现单元知识，而是在真实的语言运用情境中进行迁移，迁移到包括评价、创造等高阶思维活动。

一方面，围绕单元学习目标，我共设计了四张学习任务单，为学生推进各任务准备了相应的支架，包括最新语文科目考试说明（古诗文阅读）、命题样例、评价量规“好”的标准讨论等。因为每个学生学习基础是不一样的，所以创设一些支架，尊重学生的差异性，给予学生一定的自主权，为其提供发挥创造性的空间，以使所有学生都能获得完成任务所需的帮助，应对评价任务带来的挑战，这也是任务公平性的体现。另一方面，本次评价任务设计表述清晰且与单元学习目标保持一致，以大任务嵌套子任务的结构形式，合理地分解并嵌入项目当中，将评价与学习整合在一起，聚焦学生核心知识“如何论说”的迁移运用。如表 3 所示，子任务序列有逻辑地推进，逐步指向最终研习成果——编制一份“好”的文言试卷。每个子任务具有相应的评价点，帮助教师与学生监控、反思项目过程中遇到的问题，并进行适当的调整。

① 郭晶晶．项目式学习中的表现性评价设计案例研究［D］．上海：华东师范大学教育学部课程与教学系，2022.

表 3　选择性必修上册第二单元表现性评价任务序列

研习任务	任务阶段	子任务	评价点
编制一套关于《秋水》的试卷	提出问题 建立标准	1. 一份文言试卷“好”的标准是什么 2. 一道文言试题“好”的标准是什么	设计一份评价量规
	辨析比较 梳理探究	1. 结合评价量规，选出四份样卷中你认为最好的一份 2. 结合评价量规，评价一道由同学命题的单元梳理题	1. 阐释一份试卷“好”的理由 2. 阐释一道试题“好”的理由
	反思迭代 迁移运用	1. 修订本学习小组的试卷，并完成命题反思 2. 回顾第二单元先秦诸子散文，完成单元梳理题	编制一份“好”的文言试卷

（三）评分规则分析

如何让嵌入任务中的评分规则真正发挥作用呢？在课例设计中，我特意安排了“讨论评分规则”的学习环节。首先，启发学生思考：一份文言试卷“好”的标准是什么？一道文言试题“好”的标准是什么？接着，通过师生共同讨论，设计、完善评价量规，得出一份“好”的文言试卷可以从结构、题型、内容和难度等多角度表现；而一道“好”的文言试题也可以从清晰、规范、新颖和严密等多角度表现（表 4）。然后，结合经过充分讨论的评价量规，对自主命题的整张试卷和具体题目进行评价。通过本次实践，我真切感受到嵌入任务中的评分规则在学生身上发生的巨大作用。指导学生经历评价的过程，实际上也是一个学习过程。将表现性评价镶嵌于单元任务研习中，学生基于任务的展开，展示自己对单元学习目标中关键概念的理解、高阶思维的经历以及任务的解决过程，从而完成对学习内容的深度加工，梳理零散的知识点，并应用、迁移到新的情境中（表 5）。

表 4 "编制一套关于《秋水》的试卷"评价标准

评价角度		评价描述	评价方式 （1. 自评□ 2. 互评□） （0~5 分）
整套试卷	结构	试卷能指向最新课标、教材、命题指南要求，命题能涵盖不同考点	
	题型	试卷能兼顾阅读与鉴赏、表达与交流、梳理与探究、综合性试题（兼顾以上三者）等	
	内容	1. 理解儒、道、墨三家核心思想的内涵和价值 2. 梳理并认识诸子论说风格及其表达效果 3. 整理积累常用文言虚词、实词、句法现象等，分析典型词句在语境中表情达意的效果	
	难度	命题难度拾级而上，命题预期均分为（ ）分	
单道试题	清晰	1. 题意表达清晰 2. 考点指向明确	
	规范	1. 题目用语使用书面语，不使用口语 2. 每道试题应包括试题、参考答案、评分说明	
	新颖	1. 题目设计基于真实情境、多文本阅读、多角度思考等 2. 答案设置会考虑一定的开放性	
	严密	1. 题目之间体现一定的关联性 2. 答案设置逻辑严密，没有硬伤	

表 5 团队合作互评表

评价角度	评价描述	评价方式 （1. 自评□ 2. 互评□） （0~5 分）
责任	1. 遵守团队约定 2. 主动承担分工 3. 积极参与讨论 4. 按时完成任务	

续表

评价角度	评价描述	评价方式 （1. 自评□ 2. 互评□） （0~5 分）
尊重	1. 认真听取组员的想法 2. 礼貌友善对待组员 3. 了解每个组员的优势 4. 接受组员的缺点	
协作	1. 积极参与团队分工 2. 帮助团队保持专注和秩序 3. 主动给组员提供帮助 4. 积极对组员的想法给出反馈 5. 能商量解决团队冲突和困境	
学习	1. 参与任务过程中会产生新问题 2. 会对任务中产生的问题进行讨论 3. 会主动寻求多种解决办法，并能找到可靠的证据支持 4. 会适当地寻求老师的支持	

（四）反馈、反思与修订分析

在任务研习尾声，我有意识地让学生对自身课堂表现做出及时反馈，并且提供一些自我反思的工具和机会，进而指导学生对整套试卷进行修改、完善。在本次研习活动中，有位学生做了如下反思。

一份文言试卷或一道试题，“好”的标准是什么？

我认为一套好的文言试卷，应当紧扣课标、教材单元、考试指南要求。对标评分规则后，我发现我们小组命题设计基本做到了考点覆盖全面，能聚焦古诗文阅读中的重要考点，但是还需继续做好题目之间的关联，由浅入深，以形成命题严谨的内在逻辑；而在学习了其他小组的优秀试题设计后，我又发现课标关于加强文言基础能力的检测固然重要，然而深入古代经典文学作品的精髓，思考作者如何传递正确的价值观、高尚的审美情趣和审美品位等问题更为突出。我们不仅要回答问题，更需要提升认知水平，以适应新时代对青年的要求。

以上来自学生的学习反馈无疑是鼓舞人心的，将表现性评价嵌入单元学习过程促使师生共同逐渐发生对“学习的评价”从目的导向（“为了学习的评价”）走向工具使用（“作为学习的评价”）的观念转化[①]。通过课例实践，我们不难发现：引导学生对评分规则中所描述的良好表现与实际完成任务进行辨析比较，反思“做得好是怎样的”“自己现在在哪里”“如何更好地缩短两者之间的距离”[②]，有利于加强学生对学习过程的自我监控和自我管理能力，从而指引学生真正走向深度学习。

① 钟启泉．深度学习［M］．上海：华东师范大学出版社，2021.

② 周文叶．促进深度学习的表现性评价研究与实践［J］．全球教育展望，2019，48（10）：85-95.

再造学程·重构内容·转变评价

——“奇葩星球辩论会”语文项目学习案例[①]

统编版高中语文教材必修上册第六单元篇目包括《劝学》《师说》《反对党八股（节选）》《拿来主义》《读书：目的和前提》和《上图书馆》六篇古今中外的名篇，这些文章从不同角度论述有关学习的问题，或阐释学习的意义，或讨论学习的态度与方法，或描述读书的经历与感受。依据教材提示，本单元有三项单元学习任务，概要如下：

（1）围绕“学习之道”，深入阅读单元课文，谈谈心得体会。

（2）阅读单元课文，梳理作者的论述思路，体会其说理艺术，思考作者是如何阐释“学习之道”的。

（3）随着社会的发展变化，我们今天在学习中又遇到了新的难题。针对当下学习中的某些问题，以《“劝学”新说》为题，写一篇不少于800字的文章。

关于如何激发学生学习本单元的兴趣，更好地培养学生的思辨性阅读与表达能力这一问题，我决定采用语文项目学习的方式。“中学语文项目学习是基于课标，以语文核心概念统整学习内容，创设问题情境和任务，利用学习资源，开展阅读与鉴赏、表达与交流、梳理与探究等为重点的语文实践活动以及表现性评价，在解决问题和展现成果过程中提升语文学科核心素养的一种学习方式。”[②]

① 本文发表于《语文学习》2020年第6期，转载于人大复印报刊资料《高中语文教与学》2020年第11期。

② 谭轶斌．语文项目学习的实践取向与设计要点［J］．语文学习，2019（7）：4-8.

为此，我设计了“奇葩星球辩论会”语文项目，引领学生开展相关主题的语文学习。

一、确立项目主题和目标

依据课标，本次语文项目旨在围绕“学习之道”，引导学生以教材单元学习文本为起点，“注重实证与推理，强调批判与发现；注重思维的逻辑层次与深刻，强调理性思维与思维品质”。[①] 基于此，我确立的本次语文项目学习目标如下：

（1）在思辨性阅读过程中，准确把握作者的观点和态度，关注作者思考问题的角度，学习其有针对性地表达观点的方法。

（2）在思辨性表达过程中，围绕感兴趣的话题开展辩论，从合适的角度以恰当的方式，有条理地阐述自己的观点，有针对性地进行辩驳。

（3）在自主学习与合作学习的过程中，觉察自身观点的发展与变化，管理自身的学习过程，提高合作与探究的能力。

二、创设情境任务与驱动问题

在本次项目实施前，我调查了学生对思辨的基本态度，发现两种情况。一方面，进入高中阶段，无论何种性格类型的学生，都对高中生活充满好奇与憧憬，普遍有想要公开表达个人观点的愿望和热情，且不少学生喜爱辩论综艺类节目，部分学生初中有校辩论队的经历。另一方面，许多学生想法天马行空，不讲逻辑，缺乏说理的针对性、严密性和深刻性，他们称呼自己为“奇葩星球的原住民”。

基于以上情况，围绕第六单元，我设计了一个情境任务：近期，学校

① 教育部基础教育课程教材专家工作委员会 . 普通高中语文课程标准（2017 年版）解读［M］. 北京：高等教育出版社，2018.

将举办辩论赛，要求各班推荐一名最佳辩手参加比赛。同学们需要在班级里组织一场比赛——奇葩星球辩论会，选拔班级优秀辩论选手。

围绕以上情境任务，我提出了驱动性问题：假如记忆可以移植，我们有必要学习吗？

三、设计以学生为主体的学习任务

本次项目学习立足人工智能时代，围绕驱动性问题“假如记忆可以移植，我们有必要学习吗？”组织开展一场班级辩论会，学生围绕感兴趣的话题开展辩论，从合适的角度、以恰当的方式，有条理地阐述自己的观点，有针对性地进行辩驳。

整个项目由五个阶段组成，每个阶段的任务依次如下：

第一阶段：明确项目要求，讨论辩论会活动方案和过程性评价方案，建立辩论小组，明确小组分工。

第二阶段：完成第六单元作品阅读，梳理古今名家论述“学习之道”的专题资料。

第三阶段：完成关于辩题资料的线上线下搜集和整理，组内展开辩题讨论（观点、角度、目的、方法等）。

第四阶段：开展辩论会活动。

第五阶段：完成一篇围绕辩题的论述文章和反思札记（从主持人、辩手、评委、观众、工作人员不同视角），整理提交辩论会过程性资料。

与传统语文学习过程基本由教师主导不同，我在整个学习过程中大胆尝试，逐渐放手，凸显学生在项目学习中的主体性。具体表现在以下两个方面：

第一，学生参与修改辩论方案。为了鼓励班级更多同学参与活动，增强辩论现场的观赏性，学生们将四对四的常规赛制扩容为十对十的赛制，活动更倾向于招募平时课堂表现安静、没有辩论经验的班级“素人”加入，辩论环节增设“质询”环节，辩论现场增设观众多轮自由“跑票”的互动环节，辩论点评环节邀请未上场的资深辩手进行点评，等等。

第二，学生参与确定最终辩题。辩题灵感来源于班级师生都喜爱收看的某节目第五季中的一道题目：如果奇葩星球发明了一项新的技术，它可以利用芯片一秒钟就将所有知识共享到人的大脑，那么，应当提倡这项发明吗？简而言之，知识能否通过芯片移植入大脑？师生经过讨论，最终将这道关于知识该被垄断还是共享的偏哲学化的辩题，改造成学生有兴趣，同时契合第六单元主题的辩题：假如记忆可以移植，我们有必要学习吗？

四、引入和学习内容强相关的表格支架

在本次语文项目学习中，我将第六单元的课文做了重构：为了引导学生积极思考驱动性问题，推动学生实现主动的知识建构，我不是孤立地进行单篇课文讲授，而是引入表格支架，指导学生进行跨文本的单元整体阅读和课堂讨论。结合第六单元学习任务一，讨论课文中的“学习之道”，梳理把握文本的主要观点（表 1）。

表 1　学习之道：第六单元文本主要内容梳理

课文	学习的目的和意义	学习的作用	学习的方法和途径	学习的态度	学习的经历	比较分析，总结“学习之道”
《劝学》						
《师说》						
《反对党八股（节选）》						
《拿来主义》						
《读书：目的和前提》						
《上图书馆》						

结合第六单元学习任务二和学习任务三（表2），讨论课文是如何阐释“学习之道”的。每组课文侧重探究一两种论证方法，在此基础上，探讨论证的逻辑和方法之间的关系，论证的现实针对性和理论概括性之间的关系。

表2 学习之道：第六单元文本论述思路梳理

课文	论述针对的现象或问题	论述所揭示的本质，概括的特征	使用的论证方法及效果	论证的现实针对性和理论概括性之间的关系
《劝学》				
《师说》				
《反对党八股（节选）》				
《拿来主义》				
其他课文				

从探讨学习的态度、方法和意义到提倡“师道”，从批判党八股、倡导实事求是的马克思主义文风到探讨对待文化应有的态度，都是针对特定对象或现实问题有感而发，逻辑严密，具有很强的说服力和感染力。在本次语文项目学习中，我的教学理念真正发生了转变，由“教教材”转变为“用教材”，教材的功能从“定篇”逐步转变为“样本”或“用件”①；学生不是只重视做项目，轻视学知识，而是“从原来重在教师直接讲授知识点的教学，转变为学生在完成项目过程中主动的知识建构，突出知识的整合”②。

除了教材内容的重组，我还做了辩论会活动前的准备工作：辩论技巧知识的补充，邀请学校中文辩论社社长做关于“像辩手一样生活”的辩论技巧专题讲座，分享大量经典辩论赛的视频资料，尽可能提供有关辩论的“卓越范例”，使学生在学习思考中积累大量宝贵的辩论经验。

① 王荣生．语文科课程论基础［M］．北京：教育科学出版社，2014.

② 谭轶斌．语文项目学习的实践取向与设计要点［J］．语文学习，2019（7）：4-8.

五、探索表现性评价方式

在本次语文项目学习中，我尝试将过往标准化评价转变为表现性评价，弱化运用填空、选择、简答题等形式，对学生的学习进行终结性评价，转而强化运用表格、剪报、辩论、札记等形式，对学生的学习进行过程性评价。聚焦本次项目驱动性问题，我设计了三项表现性任务，具体如下：

1. 完成一份班级辩论会活动方案，鼓励班级所有同学参与辩论会活动的不同分工。

2. 围绕教材第六单元学习资源，梳理一份古今名家论述“学习之道”的专题资料。

3. 撰写一篇围绕辩题的论述文章和活动反思札记。

在完成上述任务前，与学生共同讨论，明确具体评价要求（表3、表4、表5）。

表3　辩论会前期准备评价量规

任务一	评价指标	自我评价（等级评价）	小组评价（等级评价）
完成一份班级辩论会活动方案，鼓励班级所有同学参与辩论会活动的不同分工	参与态度		
	团队分工		
	合作沟通		
	过程付出		
	提供建议		
	准备充分		
	时间管理		
	其他		
	总分		
等级说明	1. 评价等级分为A、B、C、D四级。 A. 完全符合要求　B. 比较符合要求　C. 基本符合要求　D. 不符合要求 2. 根据个体在小组中表现，组员集体讨论给予小组评价。		
小组评价（分条陈述）			

表 4　第六单元资料学习评价量规

<table>
<tr><th>任务二</th><th>评价指标</th><th>自我评价（等级评价）</th><th>小组评价（等级评价）</th></tr>
<tr><td rowspan="8">围绕教材第六单元学习资源，梳理一份古今名家论述“学习之道”的专题资料</td><td>文本阅读细致</td><td></td><td></td></tr>
<tr><td>文本解读准确</td><td></td><td></td></tr>
<tr><td>表格梳理认真</td><td></td><td></td></tr>
<tr><td>信息提炼完整</td><td></td><td></td></tr>
<tr><td>讨论发言积极</td><td></td><td></td></tr>
<tr><td>反思深刻主动</td><td></td><td></td></tr>
<tr><td>其他</td><td></td><td></td></tr>
<tr><td>总分</td><td></td><td></td></tr>
<tr><td>等级说明</td><td colspan="3">1. 评价等级分为 A、B、C、D 四级。
A. 完全符合要求　B. 比较符合要求　C. 基本符合要求　D. 不符合要求
2. 根据个体在小组中表现，组员集体讨论给予小组评价。</td></tr>
<tr><td>小组评价
（分条陈述）</td><td colspan="3"></td></tr>
</table>

表 5　辩论会现场表现与辩论会后写作评价量规

<table>
<tr><th>任务三</th><th>观察角度</th><th>具体要求</th><th>观众评价（0~10 分）</th><th>自我评价（0~10 分）</th><th>修改方向</th></tr>
<tr><td>撰写一篇围绕辩题的论述文章和活动反思札记</td><td>观点表达是否合理</td><td>1. 能够开门见山，鲜明表达观点
2. 能够联系时代特征，针对社会现象或问题建立观点</td><td></td><td></td><td></td></tr>
</table>

续表

任务三	观察角度		具体要求	观众评价（0~10分）	自我评价（0~10分）	修改方向
撰写一篇围绕辩题的论述文章和活动反思札记	分析过程是否清晰	语言分析逻辑性	1. 能从不同角度分析原因 2. 能找准根本原因，并重点分析动机、条件、论证方式等			
		语言分析针对性	1. 能对材料中的核心概念进行界定 2. 能选择合适角度进行正面立论 3. 能找准对方漏洞进行有力反驳			
	信息来源是否可信		1. 能选择负责而可信的信息发布媒体 2. 能识别不带任何偏见的信息表述方式（例如有证据支持、不用带主观性的语气、客观回顾不同立场和历史背景、提供有效发布日期和链接等）			

三张评价表贯穿于项目学习的整个过程，每个任务完成后，学生进行自评和互评，表 5 成为辩论会辩手现场表现和会后写作表现的重要评价依据。学生在项目学习的整个过程中，普遍表现得非常兴奋和投入。为了有针对性地讨论辩题（即驱动问题），场下辩手查阅了大量资料，场上展开激烈的思辨讨论，同时场外评委、观众也做了精彩的点评。辩论现场，双方辩手从辩论主体、情境、背景、目的等维度有针对性地展开辩论。学生不仅充分肯定《劝学》《师说》等为代表的中国传统社会倡导“学习”的必要性，而且结合当下社会特征，对其内涵和意义进行拓展，并将从《劝学》

《师说》课文中学习到的对比、比喻的论证方法巧妙运用到现场辩论中来；作为资深辩手的学生评委犀利点评，提出辩论双方务必要在界定清楚各方捍卫的重要概念的基础上展开思想交锋，而不是自我独白，以增强辩论的针对性。例如要关注“记忆移植”和“学习”之间的联系与区别，又如要关注“假如”情境和“当下”行为之间的时空关系；在自由“跑票”环节，有作为观众的学生借用布卢姆认知层次理论，补充了人工智能时代背景下学习的“必要性”，为在座学生打开了思考辩题的新视角。本次语文项目学习活动现场，各方参与积极，互动密切，将辩论会气氛推向高潮。

通过开展该项目，班级许多平时腼腆害羞的学生主动报名，勇敢参与辩论，例如夏智瑶同学在反思札记中写道：

这次辩论，我方虽然以一票之差输给了反方，但是作为辩手的我觉得我方表现得非常厉害，观点也很有说服力。虽然辩论前的那个晚上我两点才睡觉，稿子改了又改，很累，但很值得。

从一开始拿到辩题时的不知从何切入，到确定论点，猜测反方论点，在这个过程中我学会了用逻辑思考问题，也明白了在辩论中对重要概念准确定义的重要性。在辩论赛中，我尝试运用课文《劝学》《师说》中的比喻、对比论证手法来说理，也尝试借助课文《反对党八股（节选）》《拿来主义》驳论的方式抓对方漏洞，用推理反驳他们，可谓受益匪浅。

这次学习形式的小变革，让我从另一个角度感受到语文学习的乐趣，期望在接下来的语文学习中能有更多类似交流形式的活动。

这是学生参与本次辩论赛后的真实反馈。通过本次语文项目学习，学生们普遍在会前准备、会中交锋和会后反思的过程中体验到了思辨所带来的独一无二的挑战与快乐。

六、本次项目学习的反思

美国巴克教育研究院2013年提出了项目学习的“黄金标准”，认为能让学生最大程度学习和参与的项目需要具备这些要素：富有挑战性的问题或困难、持续研究、真实性、学生的发言权和选择、全程反思、批判、修订和作品公开展示。结合以上项目要素，我聚焦项目实施中学习流程、学习内容和评价方式这三项重点，对本次语文项目学习的实践效果进行反思。

（一）再造学习流程，尊重学生的发言权和选择权

在本次项目学习的进程中，围绕筹办辩论会，学生课堂和课后讨论的热情空前高涨，不少平时羞于跨入办公室的学生主动与语文老师讨论辩题；活动结束后，担任不同角色的学生（激情主持人、“素人”辩手、挑剔的评委、热心观众和工作人员）在反思札记中都不约而同地表达了期待语文课堂多多举行辩论会的强烈愿望。该项目学习之所以能够获得来自班级许多学生的正面反馈，主要是因为我的语文教学观念的变革直接带来了语文课堂形式的变化。在本次项目学习的过程中，学生主动参与了辩论会活动方案的策划、活动角色的分工、由课内向课外延伸的学习资源的搜集等，我让出了课堂大部分舞台，给予学生更多的发言权和选择权，真正激发了学生学习语文的热情。

然而欣喜之余，冷静思考：师生虽然初尝项目学习的甜头，但是在项目驱动性问题设计、过程性评价方案讨论和最终作品形式呈现等方面开放度不够大，我的控制意识较为明显，有待在未来的语文项目学习中改进。

（二）重构学习内容，坚持对项目学习的持续研究

北京教育学院王淑娟老师认为，所谓探究就是“调用解决问题所需要的各种研究方法，逐步试错，反复循环，方案或作品多次迭代，直至真实作品达到向公众展示的水平”[①]。我们发现引导高中生经历语文项目学习是一个漫长且需要长期坚持的过程。学生从学习者转变为研究者，需要教师有意识地长期培养和训练。在本次项目学习案例中，我引导学生围绕驱动性问题，从课内文本的学习走向课外图书、期刊、网络资源，从学科知识被动的接受者转变成为解决真实情境问题主动的探索者。

然而在语文项目学习的初级阶段，学生还不能很好地掌握包括文献综述法在内的基本研究方法。学生顺利地围绕驱动性问题做深入思考以及搜集资料的途径、筛选整合信息的能力、辨析信息真伪的意识等都需要长期打磨，不断提升。基于此，教师决不能满足于一个单元项目学习的完成，而应当聚焦“思辨性阅读与表达”这一任务群，引导学生在未来的高中语文学习中，不断地持续性探究，在一次次挑战性任务的完成过程中，逐步试错，最终展现越来越成熟的语文学习成果。

（三）转变评价方式，关注学生的全程反思

在实践该项目学习的过程中，我有意识地借助阶段性讨论、反思札记等载体引导学生对语文学科知识进行理解（例如对第六单元课文涉及的逻辑知识、辩论会辩题和辩论技巧的理解），对同伴间的合作沟通做认真反思，但相对地，在对学科知识的运用（例如对从思辨性阅读过渡到思辨性表达、口语表达和书面表达之间切换的实际运用）、批判性思维和学程自我管理方面，引导学生做反思的意识较为薄弱，有待未来在项目化学习中进一步加强。

上海市教育委员会教学研究室谭轶斌认为，语文项目学习的教学目标应当是多维度的，不仅指向“可迁移的语文概念性知识的深层次理解、语文技能和策略”，还应指向“元认知能力的培养”，即如课标所强调要“学

① 王淑娟．美国中小学项目式学习：问题、改进与借鉴［J］．基础教育课程，2019（11）：70-78.

会自我监控和学习管理”[①]。教师应当经常反思语文项目学习的初衷和本质，通过积极重构语文学习内容，围绕驱动问题与情境任务，重新打造学习流程，设计适切的表现性评价量表或完善已经开发的量表工具（例如等级量表、评分规则），指导学生自主计划，运用已有的知识经验，经过自己的操作，在真实的情境中解决实际问题，最终实现学生语文核心素养的培养和综合能力的提升。

① 谭轶斌．语文项目学习的实践取向与设计要点［J］．语文学习，2019（7）：4-8.

融合线上教育，做好整本书阅读的规划与管理

——以《红楼梦》整本书阅读教学为例[①]

一、写作背景

本次语文线上教育的学习者是上海市徐汇区一所民办高中的高一学生。2020 年学生经历了延长版寒假和在家“空中学习”的特殊阶段，此次线上学程约为 4 个月（2020 年 1 月 20 日至 2020 年 5 月 15 日）。本次教学内容是统编版高中语文教材必修下册第七单元——整本书阅读《红楼梦》。教学方式的变革因此被催生，教育信息化扑面而来，这考验的不仅是学生如何身心适应，还有教师的应对能力。当身为“数字移民”的教师要面对“数字原住民”的学生时，我经过一番摸索尝试，综合比较多种在线交互工具的优劣，最终确定选择以下教学工具，开展《红楼梦》线上教育活动：

1. 借助适合的线上平台，实现整本书阅读学习要求的发布、学习支架的提供、学习过程的记录等。

2. 借助适合的线上平台，实现整本书阅读学习问题的讨论、学习经验的分享、学习成果的展示等。

经过短暂的磨合期，师生很快适应了这种线上教育的新模式。

---

① 本文发表于《现代教学》2020 年第 7 期（合刊），发表时题为《融合在线教学 推进语文自读指导——以〈红楼梦〉整本书阅读教学为例》。

二、问题提出

在本次语文在线教育活动实施前，我采访了班级部分学生和家长对《红楼梦》阅读的基本态度，发现如下情况：一方面，绝大多数学生在过往的家庭生活中，有通过多种媒介初步接触《红楼梦》的学习经历，包括传统印刷媒介（连环画、改编版小说等）、电视媒介（以电视剧、电影、戏曲等形式改编的《红楼梦》影视戏曲作品）等；另一方面，学生客观存在对阅读整本《红楼梦》原著有畏惧心理、阅读耐力不足，阅读过程中建立关联的能力较弱，缺少与阅读内容相关的文化背景知识，难以体会到阅读的成就感等问题。

依据课标，“阅读整本书，应以学生利用课内外时间自主阅读、撰写笔记、交流讨论为主，不以教师的讲解代替或限制学生的阅读与思考。教师的主要任务是提出专题学习目标，组织学习活动，引导学生深入思考、讨论与交流。教师应以自己的阅读经验，平等地参与交流讨论，解答学生的疑惑”。作为高中语文正式课程的内容，整本书阅读的教学包括制订学生自读指导方案和组织课堂教学两个方面。

在近年的社会背景下，教育信息化异军突起，蓬勃发展，让我们看到了开展线上教育的巨大潜能。线上教育不仅可以弥补线下教育存在的先天不足，如整齐划一、时空受限、海量资源不能利用以及教学方式单一等明显缺陷，而且可以借助线上教育的先天优势，如万物互联（人人互联、人物互联、物物互联，从而使信息量倍增）、多样性（丰富的教学风格、教学方式、教学情境等共同构成一种立体的教学环境）、重构课堂（以翻转课堂为代表）、多方融合（观念融合、管理融合、家校融合），为实现《红楼梦》整本书阅读课内课外学习活动方式的创新以及任务驱动学习提供崭新的、巨大的承载空间。

基于对学情暴露的问题、课标的要求、线上教育的特征等综合因素的考虑，我尝试融合线上线下教育，聚焦整本书阅读“自读指导的规划与推进”问题，开展了一次《红楼梦》整本书阅读线上教育的探索。

三、教学设计

（一）导入新课，聚焦问题

1. 课前作业：阅读《红楼梦》前五回，完成《红楼梦》整本书阅读任务单。

2. 课堂导入：从简要点评任务单入手，聚焦核心问题——如何开展在家整本书阅读《红楼梦》的规划和推进？

设计意图：帮助高一学生明确《红楼梦》整本书阅读的重点，现阶段需要养成的阅读习惯，建构阅读经典名著的基本策略。

（二）围绕重点，线上讨论

1. 厚积薄发：整理中国人伦关系称谓。

2. 按图索骥：完成人物关系的思维导图。

3. 纲举目张：精读《红楼梦》前五回，完成题目。

（1）第三回介绍人物出场各有特色，试比较林黛玉、王熙凤、贾宝玉出场的不同之处，并分析其原因。

（2）阅读第四回，分析“护官符”在全书中的作用。

（3）阅读前五回，简要概述通灵宝玉的由来（150字左右）。

（4）前五回描写了林黛玉初进贾府的情景，请绘制一张林黛玉进荣国府院落的线路图，并结合《乡土中国》中相应观点（“差序格局”“礼治秩序”等），分析贾府的居住布局特征。

设计意图：引导学生重点关注阅读《红楼梦》必要的文化背景知识，厘清小说中四大家族错综复杂的人物关系，明晰前五回对于整部小说的纲领作用。

（三）结合学程，设计规划

教师分享延长版寒假阅读《红楼梦》整本书的建议，其中包括刚性制度、弹性任务和过程性评价，学生结合自身实际情况，设计《红楼梦》自读规划。

设计意图：帮助学生逐步养成整本书阅读自主规划的习惯，同时通过刚柔相济的过程管理和有跟踪反馈的过程评价，培养学生的阅读持久力，增强阅读成就感。

（四）收集困惑，课堂小结

教师通过课堂聆听学生线上讨论和课后浏览“晓黑板”学生留言，收集学生在《红楼梦》阅读中产生的困惑。

同时，教师向学生介绍统编版高中语文教材必修下册《红楼梦》单元学习任务，引导学生有的放矢地展开整本书阅读，具体包括：

第一，把握《红楼梦》中的人物关系。

第二，体会人物性格的多样性和复杂性。

第三，品味日常生活描写所表现的丰富内涵。

第四，欣赏小说人物的诗词创作。

第五，设想主要人物的命运或结局。

第六，体会《红楼梦》的主题，写一篇研究综述。

设计意图：培养学生语文学习的问题意识和目标意识，同时使教师了解学生阅读过程中的真实问题，为后期在线专题指导做好准备。

（五）推荐资源，发布作业

围绕单元学习任务，教师精心推荐不同类型的《红楼梦》专题学习资源，包括红学研究文献或书籍、在线音频课程、重要工具书、改编影视作品等。

根据学程不同阶段，教师发布弹性学习任务，包括基于小说阅读的不同阶段，完成整本书阅读记录打卡、读书笔记、随文圈画及旁批等。

设计意图：借助线上信息搜集便利的优势，为学生提供各类丰富的学习资源；同时，提升学生在《红楼梦》阅读过程中建立文本关联的能力，激发学生专题研究的意识，为线下教育开展专题讨论做好铺垫工作。

四、教学反思

这堂课是在学生寒假完成《红楼梦》前五回的基础上，开展的一次在线专题讲评课，主要聚焦的问题：如何开展在家整本书阅读《红楼梦》的规划和推进？本次教学探索最有价值的部分在于教师借助线上教育的多重优势，用心设计并有效推动了学生《红楼梦》自读过程中刚性的制度和弹性的任务。

（一）刚性的制度：有序推进阅读的学程管理

“刚性的制度”是指规定性的阅读行为要求。依照课标建议，高中生阅读《红楼梦》的一个回目，需要 25~30 分钟的时间[①]。借助延长版寒假的特殊契机，我在与学生协商讨论的基础上，推行每天阅读两个回目，40 天完成《红楼梦》小说前 80 回的刚性制度。一旦确定制度，同学们就需要遵守制度要求，每天有序推进整本书阅读（周末、法定假日除外）。值得一提的是，我在班级语文课代表的大力协助下，前期依托微信班群，后期依托“晓黑板”打卡功能，积极开展班级每日阅读记录与反馈。有了强大的在线技术支持和师生合力阅读学程的管理，学生在家阅读《红楼梦》整本书真正得到了推动落实，形成师生共读的良好氛围。

（二）弹性的任务：不断建立学生与阅读的关联

“弹性的任务”是指开放性的阅读活动设计。[②] 为了更好地帮助学生在通读《红楼梦》活动中边阅读边统整，不断建立学生与阅读内容间的联系，

①② 吴欣歆．立足课标，推进“整本书阅读与研讨”——以《红楼梦》阅读为例［J］．语文建设，2020（1）：8-11.

我重点围绕小说前 5 回，设计了《红楼梦》整本书阅读任务单，引导学生重点关注《红楼梦》阅读必要的文化背景知识，厘清小说中四大家族错综复杂的人物关系，明晰前 5 回对于整部小说的纲领作用。而在枯燥漫长的后 75 回阅读过程中，我特别设计了《〈红楼梦〉整本书阅读奖励方案》，每完成一定的阅读任务，就对学生的不同表现推行分层奖励措施（均经过与学生协商讨论后再推行），例如对于班级阅读优秀者，设立了发送热爱阅读奖励红包、免交语文作业、父母满足个人心愿等奖励方式；又如对于阅读须努力者，设立了如下鼓励方式：选择围绕《红楼梦》感兴趣的主题，与父母（至少一方）做一次亲子阅读讨论活动（需递交视频）。我后期在线开展了班级《红楼梦》亲子阅读交流会，得到来自学生与家长的积极反馈。

（三）线上线下教育融合：促进教育真正走向公平

当学生们分批复学，再次回到线下真实课堂，如何化危为机，实现线上线下教育的真正融合，这恐怕是教育工作者值得思考的问题。我这次关于《红楼梦》整本书阅读的教学探索，直面当下教育问题，努力寻求解决策略。吴欣歆教授认为“刚性的制度”保证阅读进程的有序推进，“弹性的任务”侧重解决学生阅读《红楼梦》存在的问题，二者结合，共同促进学生“读起来”“读下去”。[①] 聚焦《红楼梦》自读指导的规划与推进问题，我努力突破传统线下教育的时空局限，充分关注线上教育万物互联、多样性、重构课堂、多方融合等特征，并充分发挥线上信息搜集便利的优势，为学生后期《红楼梦》线下专题学习，搭建有效支架，提供丰富多样的资源；同时翻转课堂，充分利用网络技术的优势，把传统的知识传授任务转移到课外，把任务驱动的问题讨论转移到课内，讨论交流成为课堂学习的主要形式，过程评价成为课外学习的助力手段；除此之外，还进行多方融合，充分发挥教师、学生、家长共同协作的合力作用，把《红楼梦》亲子共读

① 吴欣歆．立足课标，推进“整本书阅读与研讨”——以《红楼梦》阅读为例［J］．语文建设，2020（1）：8-11.

活动所蕴含的巨大教育潜能给激发了出来。

本次在线教育的探索为广大学生创设“线上线下融合的新型学习生态”，自主选择最适合自己的学习内容、难度、呈现方式和交流方式，促进教育真正走向公平，从而使得“面向每个人，适合每个人”的教育理想成为一种现实可能。

辑四

深度学习与师生成长

与学生一起思考写作

——《刘擎西方现代思想讲义》阅读有感

今年暑假伊始，我接到教学任务，要给高二强基班学生上课，一个问题萦绕于我的脑中：如何学以致用，在“双新”教育理念引领下，帮助学校部分优秀学生有效提升语文核心素养呢？在暑假众多阅读书目中，我选择了一本教育专业书《刘擎西方现代思想讲义》进行深度阅读，并以此为底本，设计了强基班“思辨阅读与写作”语文课程内容。下面，我想谈谈对这本书的粗浅认识与体会。

这本书的作者是著名学者刘擎，他是华东师范大学教授，主要研究领域为西方思想史、政治哲学、世界政治与当代政治思潮。大学期间，我因无缘听到刘擎老师的课而深感遗憾。工作以后，我利用碎片化时间，通过一些网络平台学习刘擎老师的课程，被其儒雅幽默、见微知著、睿智通透的风格深深吸引。暑假静心捧读刘擎老师的这本新作，我感到既亲切又清明，对作为一名教师，如何引领学生基于问题展开深度思考，进而借助写作表达思考有了更为清晰的认识。

在这本书里，刘擎老师介绍了现代视域下的19位思想大家，广泛而系统地讨论了工具理性的利弊，如何面对虚无主义、消费主义对人的异化，财富分配的公平正义和全球化等问题。“思想不惑，精神明亮”这八个字是我读完该书最深刻的体会。我按图索骥，一路随着书本追溯到19世纪，沿着现代思想史发展的关键节点，识别路标，在品读19位杰出思想家的生平中，理解他们建构思想大厦的地基与框架。在思想大厦之上，我们可以直面个人生活和社会公共生活的诸多难题，例如：

工具理性会带来什么问题？（韦伯）

大屠杀真的是“平庸之恶”吗？（阿伦特）

你想要的是哪种“自由”？（伯林）

我们是“单面人”吗？（马尔库塞）

怎么才能实现社会正义？（罗尔斯）

当代人需要为历史事件负责吗？（桑德尔）

如何“成为你自己”？（泰勒）

“文明的冲突”是不可避免的吗？（亨廷顿）

……

或许你会问：这是一本有难度的书，作为一名老师，为何要读这本书？为何要提炼要点，向学生介绍书中精华呢？我认为：阅读这本书的最大意义，并不在于让当下的我们成为一位位思想家，而在于以最通俗晓畅的方式引导我们文科老师和一部分优秀的高中生实现哲学思辨入门，为我们的日常“说理”补充一些重要的“常识”和“证据”。因为在议论文写作指导（或学习）中，有三个基本问题需要解决，即言之有理（说理基于常识）、言之有据（说理讲求证据）和言之有序（说理符合逻辑）。过往，我在指导学生写作的过程中，会补充大量的思辨读写的材料，针对写作方法加以点拨，或聚焦写作主题进行探讨，这些都给予学生一定的启发。依据对2022届高三学生作文指导的体会，我发现南洋模范中学的学生写作短板主要不在于“言之有序”，而更多地在于缺乏基本的“常识”以及有质量的“证据”来充分说理，具体来说，学生所认知的说理“常识”和高考命题者期待学生应当具备的“常识”可能存在一定的距离；学生想不到使用合适的素材，更想不到用思想家的观点作为素材进行说理。基于学情，这个暑期我挑选了这本有一点难度的书进行阅读，希望身体力行，带领学生突破“舒适区”，帮助其努力解决实际写作中的真实问题。我以现代性问题讨论为核心，以思想家探访为线索，以读促写，以写促思，以写促读，设计专题读写活动，探索开设思辨读写强基课程。

在阅读《刘擎西方现代思想讲义》一书的过程中，给我写作指导最大的启迪在于思想家们对于“问题”的真诚直面和真挚追问。例如既是同事又是挚友的罗尔斯与诺奇克，一辈子在正义问题上针锋相对，相继写出了轰动西方学界的理论专著《正义论》和《无政府、国家与乌托邦》，双方激烈讨论自由主义发展的利与弊；又如身处两次世界大战期间的阿伦特和鲍曼，两人都是犹太裔，都有流亡国外的特殊经历，均从反面思考20世纪何以灾难频现，并冷静分析，认为20世纪的灾难不是历史的偶然产物，而是必然内在于现代化思想之中。我想，今天我们阅读思想家们对“他们”的时代的问题进行思考，不是为了解决“他们”的时代的问题，而是期待我们的学生在“我们”的时代，能以一种公民的姿态，关注公共领域所发生的问题，主动思考个体与社会的关系。对于问题的直面和追问精神的培养，正是“双新”背景下对高中生“思维发展与提升”语文学科核心素养培养的重要体现。

我期待与学生一起阅读20世纪第一流的头脑是如何反思和洞察那个时代的，了解思想家本人的故事，领略他们独特的思想，思索他们可能的局限和未竟的难题，并引导学生在思辨读写中，发展问题意识，磨砺出锋利的思想“手术刀”，剖析纷繁复杂的社会问题，简洁而清明地呈现自己的洞见。

高三，我仍和学生一起整本书阅读

我一直坚信广泛阅读会对学生的未来发展产生深远的影响。

过去的两年，我带着学生开展了形式丰富的班级读书活动，积极营造浓厚的班级阅读氛围：学生坚持每月阅读一本书，坚持每月做一次专题读书心得交流，坚持每月定期推送好的文章给班级公众号的阅读专栏“聚沙成塔”，我坚持引导学生带着阅读体验及思考参加社会实践考察活动……而当进入紧张繁忙的高三阶段，我有点犹豫：是否还有可能继续推进班级的整本书阅读活动？

今年暑假，班里某位学生给我发来求助信息：

施老师，高三暑假作业中推荐阅读的两本书目我读不懂，恳切希望您能进行专题阅读指导。

在暑期家访过程中，我也了解到班里不少学生存在类似的阅读困难。多年来，我始终坚持鼓励学生寒暑假开展有质量的整本书阅读活动，书籍推荐都是经过学科备课组多年实践检验的智慧结晶，书目的难度和深度根据学段特征“拾级而上”。我们给高三学生推荐的读物是《何为良好生活：行之于途而应于心》（陈嘉映著，以下简称《何为良好生活》）和《权衡：批判性思维之探究途径》（莎伦·白琳、马克·巴特斯比著，以下简称《权衡》）。前一本书聚焦哲学领域，主要帮助学生积累一些有价值的思想资源；后一本书聚焦逻辑学领域，主要为学生提供一些提升思维能力和思维水平的方法路径。对于学生而言，由于涉猎陌生的阅读领域，产生一些畏难情绪是十分正常的。好在他们主动表达出想要把两本书读通、读懂的良好愿望。我想因势利导，抓住这一重要契机，激励学生在高三分外宝贵的时光中继续多读书、读好书。基于此，我从高二暑假开始，围绕这两本书用心设计了一系列针对高三学情的整本书阅读活动。

一、多管齐下，线上课程开发 + 阅读打卡进行中

由于高三学生时间宝贵，整本书阅读主要在高二升高三的暑期集中进行。受到“翻转课堂”等新教学模式的启发，我在今年暑期尝试为学生开设基于《何为良好生活》《权衡》的在线课程。以《权衡》在线课程为例，我做了以下几讲专题指导：

第一讲　如何阅读一本有难度的书？

第二讲　如何阅读《权衡》这本书？

第三讲　如何阅读《权衡》的具体章节？

——以《权衡》“第五章　主要的论证类型”为例

第四讲　如何通过阅读《权衡》促进我们的批判性思维发展？

——以围绕《权衡》展开的若干课堂实践为例

为了鼓励班级学生积极阅读这两本书，我又借助某聊天软件和某阅读打卡工具，建立班级整本书阅读线上学习群和打卡机制。高三暑期语文作业的要求是在开展这两本书的整本书阅读的基础上，完成读书笔记 1 万字。借助整本书阅读线上学习群，我鼓励学生每周截图反馈自己的读书笔记和阅读困惑；我会在批改学生暑期作业的过程中，发现学生阅读过程中的思想闪光点，及时反馈、鼓励；我也会发现学生阅读过程中产生的困惑，通过在线讨论，及时答疑解惑。俗话说：“一个人也许可以走得很快，然而一群人却能走得很远。”积极为学生搭建整本书阅读支架，鼓励学生用自主或合作的方式沉浸于阅读的过程中，而不是应付阅读之后的作业，这是一件

很有意义的事情。

二、有的放矢，课堂整本书阅读方案新鲜出炉

结合个人教学和学生的实际情况，围绕《何为良好生活》《权衡》这两本书，我有的放矢地设计了适合本校高三学生的课堂整本书阅读方案。以《何为良好生活》一书为例，我用心设计了整本书阅读指导方案：在学生暑期完成首轮阅读的基础上，高三上学期开展第二轮阅读专题指导。《何为良好生活》一书的总体写作思路：作为一本哲学入门读物，作者向读者提出并探讨哲学领域中的一些基本问题，包括功效主义、事实和价值、目的与手段、知行关系、向善与性善、特殊与普遍，以及快乐、幸福和良好生活。借用国外著名阅读指导书《如何阅读一本书》所提出的阅读层次理论，我希望学生在高三阶段对这本书完成从“检视阅读”到“分析阅读”的层次过渡。基于此，我围绕《何为良好生活》一书聚焦的若干基本问题，重组单元并设计了“单元阅读自我回顾”“单元阅读专题练习”“单元学习拓展阅读”“单元学习写作训练”等板块。我期望通过整本书阅读，学生能够以读促写，在实际写作过程中切实提升问题分析能力。

三、不拘一格，学生读书交流活动平台就是多

我喜欢搭建一切可能的平台，鼓励学生开展读书交流活动，哪怕是在高三阶段。语文教学再忙，我也会挤出课堂时间给学生做整本书阅读的专题指导；班级管理再累，我也会留出“午会倾听”时间（每周 15 分钟），做关于书籍阅读内容的梳理；语文“培优”工作再辛苦，我仍会坚持抽出时间（每周 40 分钟），鼓励学生聚焦阅读所产生的问题展开口头或笔头的思辨讨论。

正如陶行知先生所言："今日的学生，就是将来的公民，将来所需要的公民，即今日所应当养成的学生。"作为一名教育工作者，我深感今日之日常教育绝不能仅仅功利性地关注眼前的分数，而更应当心系学生未来之发展，因为他们将承载起整个社会未来发展的重任。我坚信在书香浸润下成长起来的学生终有一天会慢慢成为有积淀、会思考、能担当的公民。

培养思辨力，做学生精神成长的领路人

我是一名高中语文老师，同时也是一名班主任。我热爱阅读，更热爱思辨。潜移默化间我会把这份热忱传递给自己的学生。每每接新班，班级管理千头万绪，从哪里开始着手呢？我就带着学生从阅读经典开始。为了创设静心求学的班级氛围，我带着学生们一同走近中国经典文化，在阅读与辨析的过程中，逐步形成班级的精神根基。前两年学校大修，在教室里添置了设计美观的书架，这是一种非常好的倡导，让阅读成为校园里一道亮丽的风景线。我思考了这样一个问题：学生不缺书籍，但是阅读什么样的书籍才能让他们内心从容宁静，有所秉持？在带 2017 届学生时，我恰逢中途接班，与班级磨合时间不到半年，我仍坚持回归中国经典文化，不忘与学生一同阅读经典校本读物《五常新说》，在“知（智）”篇章阅读中，初步形成“知微知著，知柔知彰”（出自《周易·系辞下》：“君子知微知彰，知柔知刚，万夫之望。”）的班级文化；在带 2019 届学生时，我在高中三年完整一轮的带班过程中，带领学生共读《中庸》重要篇章，结合活泼好动、能量无限的班级特质，逐步形成“静心笃志，切问近思”（出自《中庸》名言“博学之，审问之，慎思之，明辨之，笃行之”）的班级思想氛围。

或许有人认为阅读经典已经过时，然而在我看来阅读经典非常必要，经典具有穿越千年的精神力量，指引着我们前行。身处当下价值观日趋多元化的社会背景下，教师“育人”的职责不应局限于教会学生“谋生”“谋仕”，而更应教会学生“谋道”，引领学生在精神层面成长、成熟，其核心是教导学生获得一种对事物基本的判断能力。

2015 年起，我连续开展了多项市、区级教育课题研究。我致力于推行以学生为主体的微型班会——“午会倾听”的德育专题研究，形成了包括“生涯规划”“好书推荐”“班级问题讨论”等系列主题。每周五“午会倾听”，这段完全属于班级的自由时间成为我开展班级公民教育的重要平台。由学生主持的“午会倾听”，课堂氛围活跃，学生互动频繁。学生是问题讨论的主体，他们将观察的视角从班级问题延伸到社会问题。慢慢地，学生讨论问题的积极性越来越高，讨论的角度也越来越多元化。尽管有些讨论没有定论，学生却在辩论过程中提升了发现问题的洞察力，提升了同伴之间的合作力，也提升了正视自身问题的自省力。学生在潜移默化间提升了公民所应具备的基本素养。

2017 年起，我成立了学校高中班主任工作室，带领一批年轻有为的老师开展班级问题思辨研究。2019 年，我成功申报了区级团队课题“以激发成长自觉为重点的高中生生涯规划能力培养的实践研究”，团队成员一同思考如何引导学生在生涯规划过程中形成认识自我、发展自我、完善自我的自觉意识，并做出有计划、有目标的自觉行动，从而真正激发每个学生的成长自觉。

我希望越来越多的老师能够具备良好的思辨力，在且行且思中带领着学生一同成长为有深度、有高度、有温度的人！

跋

十年

——我为什么写《行思录：深度学习的前瞻与探索》

作为一名普通的高中教师，我怎么会对深度学习产生研究兴趣的呢？

2013年，机缘巧合之下，我有幸与上海特级教师程元老师同文异构，共同探索如何开设写作指导课。当我囿于以教师为中心的写作技法教授时，程老师一堂“批判性思维与写作指导课”给我打开了一扇全新的窗。课前，她花了整整一周时间，耐心引导学生围绕问题，以形成性评价为基础，充分自由表达。课堂上，她又巧设情境，点燃思辨火花，将学生对问题的思考引向深处。好奇于崭新的授课方式，我主动请教了程老师。当程老师分享了她在加拿大约克大学的进修感悟时，我对她介绍的国外教育经验充满了好奇。从那时起，要走出国门，看看不同国家教育理念的想法在我的心里扎了根。

2013年起，以多伦多大学安大略教育学院院长迈克尔·富兰为代表的加拿大专家团队开始思考如何深度学习，以促进所有学生在复杂的世界中蓬勃发展。为了实践这项挑战性的工作，该团队成立了“深度学习新教学法”的全球联盟，在加拿大、澳大利亚、芬兰、新西兰、美国等国家的一千多所学校建立试点。位于加拿大安大略省的约克大学也成为其中一所试点学校。

2015年，经过选拔，我有幸成为上海市教育委员会公费委派出国教育考察团的一员，进修的学校正是加拿大约克大学。在异国课堂，我目睹、体验了深度学习如何在课堂真实发生。在埃弗琳·帕里斯（Evelyn Paris）老师的社会科学课上，我经常观察到良好协作的学习伙伴关系。埃弗琳·帕里斯老师会积极设计自己的课程，与学生共同讨论课程学习目标、合适的问题，并和学生共同设定学期的评价标准。不仅如此，埃弗琳·帕里斯老师经常组织不同成长背景的学生形成学习共同体，讨论源自真实生活情境的社会问题。我们在一次次思维碰撞中，学会分享与反思，学习兴趣、动机和期待都被激发了出来。而在卡伦·A. 克拉斯尼（Karen A. Krasny）老师的批判性分析文学阅读课上，我有机会与同班同学走出课堂，前往多伦多当地公立图书馆实地考察，开展基于儿童读物分级阅读的项目研究。在与图书馆工作人员、读者（尤其是儿童读者）、周边居民的接触中，我们渴望参与社会生活、解决现实问题的主体性和自主性开始觉醒。尽管彼时我还面临一定的语言障碍和文化隔膜，但在同伴协作完成项目任务的过程中，我不再是一个旁观者，而是投入真实决策的参与者，我也真实体验到了与同伴协作学习的快乐。

然而，“异国得来终觉浅，绝知理念要躬行”。2016年归国以后，我重回课堂，尝试在课堂中进行深度学习的探索。我以议论文指导为起点，思考如何在学生写作和批判性思维之间建立关联。在相当漫长的一段教学前行和反思中，我慢慢洞察了学习的本质，渐渐认清了深度学习的特质与效果，也或深或浅地记录了一些深度学习实践心得。不知不觉，一篇篇教学案例诞生了，而我与深度学习也结下了十年的缘分。我想，用“行思录：深度学习的前瞻与探索”这个题目作为书名，虽朴素，却真实地记录了我过往十年教学研究的实践历程。

回首过往，数易其稿，几经波折。感谢南洋模范中学李啸瑜校长的鼓励和其他同仁的支持，感谢上海市教育委员会教学研究室范飚老师赐序、指导，感谢其他师友们的帮助。最感谢的是我的家人，特别是我的丈夫，在我深夜伏案写作时，他默默挑起了料理家务的生活担子，并鼓励我在教学之余，不忘初心，坚持阅读与写作，努力做一个有高度、有深度、有温度的好老师！

施海红

2023 年 10 月写于上海